贈り物の心理学

Yoshihiro Narita
成田善弘——著

名古屋大学出版会

まえがき

はじめに本書がどのようにしてでき上ったかを述べておきたい。その方が読者に本書を理解してもらいやすいと思うからである。

筆者が贈り物に関心をもったのは、精神科の一臨床医として精神療法を行っている患者たちから治療過程のなかでさまざまな贈り物を贈られた経験からである。治療者としてその贈り物に患者のどのような気持が託されているのかを考えさせられ、またそれを受け取ってよいものかどうか迷わされた。同僚や先輩にこういうときどうしたらよいか尋ねるのもなんとなくはばかられた。患者から物品を受け取ることにいくばくかやましさを感じていたし、またそこに自己愛的満足があることにどこかで気づいてもいて、尋ねにくかったのであろう。精神療法に関する文献のなかに患者からの贈り物について論じたものがないか探してもみたが、これが意外に少ない。そこで自分で論文を書いてみようと思い、自分が患者から贈られた贈り物をいくつかとりあげて小論を書き専門誌に投稿したが、残念ながらこれは受理されなかった。筆者自身の自己愛的な満足への気づきが不十分だったり、文章が少々感傷に流れたりしていたからであろう。しかしその小論には愛着があったので、のちに『青年期境界例』(金剛出版、一九八九年)という本を書いたときに、その小論に手を入れたものを「患者からの贈り物」という一章におさめた。これをもとに症例を追加し、考察を深めたものが本書の第III章「患者からの贈り物」である。はじめの小論を書いてからすでに二十年以上たった。それが受理されていれば、筆者もそこで満足して贈り物に対する関心も薄らいでいたかもしれない。没になったおかげで、その小論になんとか陽の目をみさせてやりたいという思いがつのり、それが本書の第III章となり、そこから出発して本書全体ができた。いまにして思えば、あのとき没になったことを感謝しなければならないのかもしれない。

それ以来自分の専門とする精神分析の文献、とりわけフロイトを読むときに、贈り物がどのように論じられているかに関心をもち続けてきた。ところが、人間の言動の潜在的な意味をあれほど徹底的に分析したフロイトが、意外にも贈り物についてはごくわずかしか論じていないのである。フロイトもまた贈り物についてなにか語り難かったのではないかと筆者は思い、その語り難さは何に由来するのかを探ってみたいと思うようになった。その探究の現時点での成果(と言ってよいかどうかわからないが)をまとめたものが第II章「精神分析にみる贈り物——フロイトと贈り物」である。フロイトに関心のある方々には面白く読んでいただけるのではないかと思う。またフロイトと贈り物について筆者の見落としているエピソードなど御教示いただければありがたい。

贈り物について関心をもちつつ臨床医として仕事をしていた筆者に、一つ大きな幸運が訪れた。総合病院でコンサルテーション・リエゾン精神医学(精神科医が精神科以外の他科の患者の精神医学的問題に対応したり、患者・家族・スタッフ間の関係を調整したりすること。相談―連携精神医学）に従事するなかで、腎移植にかかわる機会が得られたのである。臓器移植は「命の贈り物」と言われているので、筆者は被移植者《レシピエント》や臓器提供者《ドナー》とかかわりつつ、贈り物としての腎移植について考えてきた。そのときの経験から出発して本書の第Ⅳ章「臓器移植――命の贈り物」ができた。

その後筆者は第一線の臨床医からしばらく退いて、ある女子大の心理学の教員になった。臨床医としての経験のなかから得られた贈り物の話を講義してみると、学生たちは非常に興味をもってきいてくれて、なかには卒業論文に贈り物について書きたいという学生も少数ながらあった。その学生たちの相手をしながら、筆者もいままであまり読まなかった領域の文献を読み、贈り物というテーマが文化人類学や民俗学や社会学のなかで重要なテーマとして論じられていることを知った。第Ⅴ章「社会のなかの贈り物」は学生たちとともに学んだことを筆者なりに整理したものである。

学生たちと話したりレポートや卒論を読んでいるうちに、筆者の関心も臨床の場での贈り物から日常生活のなかでの贈り物へと広がり、それを心理学的にとらえてみたいと思うようになった。こうして第Ⅵ章「分離と秘密と贈り物」が書けた。

もう一つ、筆者は以前からギリシャ神話の愛読者である。贈り物について関心をもちつつギリシャ神話を読んでいると、ギリシャ神話のなかには贈り物が実にしばしば登場し、物語を推し進める動因となっていることに気がついた。その気がついたところの一部を第Ⅰ章「神話と昔話にみる贈り物」に紹介した。フロイトも西欧の知識人として当然のことながらギリシャ神話には関心があるようなので、第Ⅰ章と第Ⅱ章にはすこしつながりができた。ただし、ギリシャ神話のなかの贈り物が敵意や悪意や策略に満ちていて、しばしば受け取り手を不幸にすることに少々辟易もした。日本の神話や昔話との比較もしたくなり、学生といっしょに日本の昔話をいくつか読んでみた。日本の昔話に出てくる贈り物は受け取り手を幸福にするものが多く、ギリシャ神話との大きな違いに驚かされた。この比較は日本と西欧の比較文化論につながると思われる。本書にはそのほんの一端しか含めることができなかったが、将来の課題としたい。

以上が本書ができ上ったいきさつである。本書の各章が一見脈絡なく並んでいるようにみえて、実は筆者なりのつながりがあることがおわかりいただけたと思う。

次に各章の内容を紹介しておく。

第Ⅰ章では、トロイア戦争の木馬の贈り物から遡って、神々から人間への、また人間から神々への贈り物について述べ、神々から人間への贈り物が、人間が神々とは異なる存在であり、死すべき運命にあることを知らしめるものであること、また人間から神々への贈り物が、神々との交流を求め、人間の運命をいくばくなりとも変えようという願望をあらわしていることを述べた。またギリシャ神話のなかの贈り物の背後には、愛情よりもむしろ敵意や悪意や策謀が秘められていることが多いことを指摘し、贈り物の背後に複雑で相矛盾した心理があることを述べた。また、日本の昔話のなかから、とくに異類婚姻譚にみられる贈り物をとりあげ、ギリシャ神話にみられる贈り物と比較し考察した。

第Ⅱ章では、精神分析の創始者フロイトが贈り物を肛門愛的文脈でとらえていること、しかしごくわずかしか論じていないことを述べ、さらにドラの症例とアンナ・Oの症例をとりあげて、贈り物をめぐるフロイト自身の葛藤に迫ろうとした。またフロイトが先輩や友人や弟子や被分析者から受け取った贈り物について検討し、そこにフロイトの意識的、無意識的願望がどのように表現され、実現しているかを考察した。

第Ⅲ章では、医師・患者関係のなかで贈り物のもつ意味を検討し、さらに、臨床医としての筆者が患者から贈られた贈り物について症例をとりあげて、患者の無意識的空想が贈り物を通して実演されていることを論じた。

第Ⅳ章では、臓器移植において移植される臓器が「商品」とも「贈り物」ともみなされることを論じた。ついで腎移植において、移植された臓器が自己の身体に統合される過程、ドナーに対するレシピエントの感情、ドナーの動機などについて、筆者自身の臨床医としての経験を報告し検討した。さらに心臓移植の場合にはドナーがレシピエントに乗り移ったかのごとくになり、レシピエントが「私とは何か」という問いに直面すること、また骨髄移植の場合にはレシピエントが臨死体験に近い体験をすることがあることを症例をあげて述べた。そして臓器移植がわれわれを「生きるとはどういうことか」という問題に直面させることを指摘した。

第Ⅴ章では、社会のなかの贈り物についてマリノフスキーやモースの古典的研究、ブラウやグレゴリーの比較的近年の社会学的研究を紹介し、さらに日本社会のなかの贈り物について、とくに義理と贈り物についての、主としてわが国の研究者の研究を紹介した。

第Ⅵ章では、贈り物の背後にある分離をめぐる心理について検討し、別れと贈り物、「甘え」と贈り物、「移行対象」と贈り物などについて論じた。また秘密をめぐる心理について、秘密と自我境界、打ち明けることなどを贈り物と結びつけて論じた。さらにバレンタイン・デーのチョコレートをとりあげて、贈り物がもつ、多重の意味を論じた。

すでに述べたように各章には筆者なりのつながりがあるとは言え、本書は贈り物をめぐる筆者の自由連想と思っていただいてもかまわない。各章はそれぞれ独立した内容になっているので、読者はどの章からお読みいただいても結構である。関心のある章だけ読まれてもよい。

本書は多くの方々のおかげをこうむっている。まず第一に、治療者である筆者に贈り物を贈り、贈り物について、また精神療法について多くを考える機会を与えてくださった患者の方々に感謝する。あなたがたの有形、無形の贈り物がなければ、精神療法家としての筆者が育てられることもなく、本書を書くこともなかったと思う。症例として本書に登場していただくにあたっては、言うまでもないことであるが匿名性を保つことに十分配慮した。社会的背景などの事実は大幅に省略したり変更したりし、なかには複数の症例から合成した例もあるので、いずれも厳密な意味での症例報告ではない。ただし贈り物についてはありのままを記述したので、患者さん御自身が読まれれば、これは自分の贈り物だと気づかれるかもしれない。特定の個人について述べるのが目的ではなく、贈り物をめぐる心理について考察することが目的であるので、了とされたい。また、大学で筆者の講義をきき、贈り物についてレポートや卒業論文を書いてくださった学生の方々に感謝する。レポートや論文から大いに刺激されて筆者の視野が広がった。とくに小林美保子さんの卒業論文「贈答行動の心理——なぜ贈答行動は繰り返されるのか」と斎藤なつみさんの卒業論文「贈り物の心理——昔話における贈り物」からはたくさんの示唆を得た。名古屋大学出版会の村井美恵子氏は筆者に本書の執筆を勧め、筆のすすまぬ筆者を何度も励まされた。村井氏退職のあと本書を担当された橘宗吾氏は原稿を読み有益な助言と示唆を与えられた。神舘健司氏には校正の段階でたいへんお世話になった。記して感謝する。

本書を書いているうちにだんだん気づいてきたことだが、筆者はいままで生きてきたなかで、師や先輩や友人や学生から、また家族から、そしてそのほか多くの方々から実にたくさんの贈り物を贈られてきた。贈られることのみ多く、贈ることの少ない人生であった。本書がいくばくなりとも感謝と返済のしるしとなることを願う。

二〇〇三年　秋

著　者

目次

まえがき　i

第I章　神話と昔話にみる贈り物……1

1　ギリシャ神話にみる贈り物　1

2　日本の昔話にみる贈り物　28

第II章　精神分析にみる贈り物――フロイトと贈り物……43

1　フロイトと精神分析　43

2　「ドラ」の症例をめぐって　46

3　フロイトの生涯と贈り物　60

4　贈り物と願望　84

第III章　患者からの贈り物……87
1　医師・患者関係と贈り物　87
2　精神療法の中の贈り物　93
3　贈り物による無意識的空想の実演　101
第IV章　臓器移植――命の贈り物……125
1　臓器移植とは　125
2　腎臓移植　136
3　心臓移植　151
4　骨髄移植　156
5　命の贈り物――生きるとはどういうことか　159
第V章　社会のなかの贈り物……163
1　文化人類学的研究　163

2　社会学的研究　170
3　日本社会のなかの贈り物　175
第VI章　分離と秘密と贈り物……185
1　贈り物の動機について　185
2　分離と贈り物　187
3　秘密と贈り物　200
4　贈り物のもつ多重の意味　211
註　巻末1

第I章　神話と昔話にみる贈り物

1　ギリシャ神話にみる贈り物

贈り物が人間の営みに深く根差したものであることは、神話や昔話の中に贈り物がしばしば登場することからも明らかである。とくにギリシャ神話には贈り物が実に多い。筆者はギリシャ神話について学問的に研究したわけではなく、ただその面白さに惹かれて楽しんで読んでいるだけの者だが、そのような散漫な一読者にも、ギリシャ神話に贈り物がしばしば登場し、それが物語を推し進める動因になっていることが読みとれるのである。ギリシャ神話の多くの頁に、贈り物が直接登場するか、あるいは贈り物の作り出すドラマが語られるかしている。ここでは主としてカール・ケレーニイ(1)の『ギリシャの神話』に従って神話の一部を紹介しつつ、そこに現れる贈り物のもつ心理学的意味について考えてみたい。

❖木馬の贈り物

ギリシャ神話に現れる贈り物というと誰しもまず思い浮かべるのは、トロイア戦争においてギリシャ軍が女神アテナに贈った木馬であろう。トロイアの王子パリスによって奪われた美女ヘレネの奪回のためにギリシャ軍はトロイアに攻め入ったが、トロイアはなかなか落城しなかった。そこでギリシャ軍はいったん引きあげると見せかけて、海岸に巨大な木馬を残しておいた。トロイア人はこの木馬を神への捧げ物として、また戦利品として城市の中に引き入れたが、実はこの木馬の中には、この奸計を案出したオデュッセウスをはじめ五十人のギリシャ軍の勇士たちが隠れていた。彼らは夜半トロイア軍が寝しずまったころに木馬から出て、内側からトロイアの城門を開き、夜隠にまぎれてとって返していたギリシャ軍を城市に引き入れた。さしも難攻不落を誇ったトロイアの城もこれには抗しえず、ついに落城した。神への捧げ物であり贈り物であった木馬は、実は欺し討ちの手段だったのである。

英語にはこれに由来すると思われることわざがある。

「贈り物をたずさえるギリシャ人に用心せよ」。"Beware of Greeks bearing gifts."

これはギリシャ神話に現れる贈り物が必ずしも愛や善意や好意のあらわれではないことを、しばしば禍いをもたらすものであることを端的に示している。

膨大なギリシャ神話の中でこのトロイア戦争の物語はよく知られているので、ここではこの木馬の贈り物につながる物語を読んでゆくことにしよう。

それはまだ人間の誕生する以前の神々の時代に遡る。

✣火の贈り物

語り伝えによると、神々はすでに存在していたが、まだ不死ならぬものの現れていない時代があった。不死ならぬ人間が現れる運命の定めの時がやってくると、神々はほかの動物たちとともに人間を大地の中で、土と火とこれらの元素をまぜ合わせたすべてのものから創り出した。そしてプロメテウス（「先見の明ある」の意味）とエピメテウス（「あとになって知る」の意味）に命じて、それらの生きものに各々ふさわしい能力を分け与えさせた。そのときエピメテウスはその分配を自分一人でさせてほしいと頼んだ。ところがこのあわてものはすべてのものを人間以外の動物に分け与えてしまったので、人間は身を守るべき蔽うものもなく、裸でいることになった。

人間は最初の贈り物を与えられなかったのである。

そこでプロメテウスはヘパイストスと女神アテナの火と技術をこれら二人の神の神殿の仕事場から盗み出して、人間に与えなければならなくなった。その火によって人間は生きることができるようになったが、そのためにプロメテウスが罰せられることになった。

人間は大地すなわち神々の母から創られたとはいえ、神々とは区別される不完全な生きものであった。人間が生きるためには火という神からの贈り物が必要だったのである。

❖肉と骨

人間ははじめのうち神々とともに共食し、牛を食していた。だが一頭の牛を屠ったときに、美味なところとまずいところがある。神々と人間が集まったとき、プロメテウスは一頭の大きな雄牛を切って分けた。彼はゼウスを欺こうとして、一つの皿に牛の胃袋に肉と臓物を詰めたものをのせ、もう一つの皿に骨をつやつやした脂でつつんだものをのせた。そして「偉大なる神ゼウスよ、お望みの品をお選びください」と言った。ゼウスはこのプロメテウスの奸策を知りつつ、それにのって人間に罰を下してやろうという悪意を心中に抱き、脂でぎらぎらしている白い部分を取った。脂身で隠された骨を見たゼウスはプロメテウスに腹を立て、さらに美味な肉をもらった人間たちにも腹を立てて、人間たちがようやく覚え始めた火の使用を禁じるべく火種を隠してしまった。プロメテウスは再び人間の味方になり、神々のもとからもう一度火を盗んで人間に与えた。プロメテウスはナルテックス（オオウイキョウ）の茎に火を包んで火種を神々の国から持ち出したとされている。

これについて神話学者ヴェルナン(2)は次のように述べている。

古代ギリシャ人は生きている動物を殺してそれを神々に捧げ、人間もそれを食べるという儀式（流血供儀）を行っていた。そしてこれが神々と人間とのコミュニケーションを確立する手段であると考えられていた。すなわち火を祭壇の上で燃やし、その火によって生贄にされた獣の一部を燃焼させて煙と香を天上にのぼらせることによって、人間の世界と天上の神々の世界との間に交流が行われると考えられていた。しかしこのことは神々と人間とが画然と区別されるものであることをも示していた。流血供儀における神々と人間との間で行われる「共食」において人間の分け前として与えられている部分は肉と内臓であり、食べられぬ骨が神々のとり分となるわけだが、その食べられない骨が燃やされ炎となり煙となって、いわば昇華された形で神々のもとに届く。すなわち神々の分け前は食べられぬものであると同時に純化された腐らぬものであり、死と無縁なものである。これに対して人間の分け前である肉は食物となり生命を維持するために不可欠の滋養となるが、同時にギリシャの暑い太陽の下ではまもなく腐敗するので、死を象徴していると考えられる。そしてそれを食べ、それによって生命を支えている人間もまたやがて死なねばならぬ存在であるという事実を明瞭に示している。

プロメテウスの火の贈り物によって、また肉の贈り物によって、人間は他の動物とは違って肉を焼き食べることができるようになったが、同時に、不死なる神々とは違って死すべき運命にあることを知らねばならなくなった。プロメテウスの贈り物は、神々でもなく動物でもない中間的存在としての人間を世界に定位し、世界にある秩序を定め、人間にその運命を思い知らせたのである。

❖贈られた女パンドラ

神々が人間に贈ったもう一つの贈り物に女性がある。

火を盗まれたゼウスは、遠くに火の輝きが人間どものもとにあるのを見ると激しく怒り、すぐさま火と等しく見合う禍いを人間どものために創った。工匠ヘパイストスがゼウスの意志に基いて恥じらう乙女の姿を創った。この女はすべての神々から贈り物をもらった。ヘパイストスは土くれから彼女を作り形を与えた。ゼウスは彼女に生命を吹き込んだ。アテナは紡いだり織ったりする技を与えた。アプロディテは彼女に肉体の美しさを与えた。アポロンは彼女に美しい歌声と病を癒す力を与え、アルテミスは月についてのいくつかの秘密を教え、ポセイドンは変身の力を与えた。ホーラたちは春の花で花冠を作って乙女を飾った。ヘルメスはその贈り物を最後までとっておいたが、彼女に珍しい彫刻をほどこした金の箱を与え、その箱には見てはならない不思議なものが入っているから決して開けてはならないと言った。このようにこの女はすべての神々から贈り物を与えられたので「すべてを与えられし者」パンドラと呼ばれた。そしてそのあとヘルメスは彼女に好奇心を与えた。

こうして「美しい禍」ができ上ると、ゼウスは神々や人間たちの集っているところへ愛らしく飾られた乙女をつれていった。不死なる神々もまた人間たちもこの贈り物の背後にある恐るべきたくらみを知り、皆驚いた。人間はこのたくらみに抵抗できないことがわかったからである。こうしてこの乙女から女の種族が生まれた。

別の物語では、ゼウスはプロメテウスに向かって次のように言ったとされている。

「おまえは火を盗み出してわしを欺したと言って喜んでいるが、それはおまえ自身にも将来の人間どもにとっても禍いとなるのだ。彼らは火と引きかえにわしから禍いを受けとることになるのだから。自分の不幸を心から大切にし、みなで喜ぶがよい」。

この恐ろしい、防ぐ手立てもない奸策の用意ができ上ると、ゼウスはこれを人間たちに贈るようエピメテウスのもとに送った。エピメテウスは兄弟のプロメテウスから、「ゼウスからの贈り物は決して受けとってはならない、人間がその贈り物で禍いをこうむらないようにゼウスに送り返せ」と言われていたのだがすっかり忘れてしまっていた。その贈り物を受け取ってしまってから、あとになってやっとその禍いに気づいたのである。

それ以前には、人間はこの地上で禍いもなく、苦労や病気もなく暮らしていた。ところがパンドラは好奇心に負けて、もっていた大きな箱のふたを開けた。箱の中からは病気や貧困や犯罪といったあらゆる禍いがとび出してきて、それ以来人間たちの間をかけめぐり、地上は禍いに満ちた。ただ「希望《エルピス》」だけは箱のへりの下にとどまっていて外にとび出さなかった。女はふたを閉じて、エルピスは箱の中にとどまった。

パンドラがかろうじて箱の中に閉めこんだのは前兆だったとも言われる。もしこれがとび出していれば、世界中の人間は誰でもその生涯にどういう不幸が起こってくるかを正確に予知することになったであろう。もしそうなれば希望を抱くということはまったく不可能になる。人は希望なくして生きることはできないから、人間はこの地上から亡びてしまったにちがいない。だが前兆は箱の中に閉じこめられ、人間は禍いのなかで現在もなお生き続けている。
女がパンドラと呼ばれるのは「贈り物の多い女」「すべてを贈る女」という意味でもある。そしてその贈り物が人間の運命を定めたのである。

ある物語では、パンドラはエピメテウスと結婚すべく贈られたと言われている。兄プロメテウスに罰を与えたゼウスが、そのつぐないにエピメテウスに与えるということに表向きはなっていた。エピメテウスはゼウスからの贈り物は受け取ってはならぬというプロメテウスの忠告を忘れ、パンドラを受け取り結婚してしまった。そしてあとになってその禍いに気づいた。

それ以来女性を伴侶としてもつこと、つまり結婚することが人間の運命となり、不幸の原因となった。贈り物によって不幸な運命が実現したのである。

❖秘密を打ち明けること

人間に火を贈ったプロメテウスはゼウスによって罰せられ、カラカソス山の峰の岩に縛りつけられて吊された。ヘパイストスが彼を釘づけにした。さらにゼウスはプロメテウスの不死なる肝臓をついばませる鷲を送った。鷲が昼のうちについばんだものはすべて、夜のうちにまたもとどおりに復したので、この刑罰は永遠に続いた。プロメテウスは十三世代後に解放されると予言され、その通りになった。人間の英雄ヘラクレスがプロメテウスを苦しめる鷲を矢で射て彼を解放したのである。

プロメテウスがゼウスによる罰を受けつつも誇りを失わなかったのは、その母テミスからある秘密を聴いていたからであった。その秘密とは次のようなものである。

海の女神テティスをめぐってゼウスとポセイドンが張り合ったことがあった。二人はこの美しい女神を妻に望んだが、しかし結婚は実現しなかった。テミスはこう予言していた。海の女神テティスがゼウスかあるいはその兄弟のポセイドンに肌を許すならば、彼女は、ゼウスの武器である雷やポセイドンの武器である三叉の矛よりも強大な武器をもつ息子を生む運命であると。この予言こそプロメテウスがその母テミスから聴いた秘密であった。

もしこの予言が実現すれば、ゼウスは自らがその父クロノスを殺してオリンポスの支配者となったように、その息子によって殺害され、息子が新しい世界支配者となるであろう。好色なゼウスは自分が一体誰と結婚してはいけないのかを知りたがった。プロメテウスはこの秘密をゼウスに教え、テティスと結婚しないよう警告することを代償に罰から解放された。

秘密を打ち明けることもまた大きな贈り物なのである（第Ⅵ章を参照）。

✣不和のりんご

ゼウスは女神テティスを人間の英雄ペレウスと結婚させることにした。テティスは求婚者ペレウスに対していろいろな変身の術を用いて抵抗し、火や水やライオンや蛇や海の動物に変身した。それも空しくペレウスがとうとう彼女をつかまえたとき、彼女はイカの姿であったという。こうして人間の運命が実現することになった。この結婚からトロイア戦争最大の英雄で、はかない運命をもったアキレウスが生まれた。祝宴のとき、エリスのりんごが三人の女神の間に投げられ、それからパリスの審判が下された。それによってトロイア戦争が始まったが、それは人類を弱めようという神々の試みであった。大地はあまりにも数が増えすぎた人間たちの重みで苦しんでいた。ゼウスは大地の女神を憐れんで、その負担を軽くしようとしたのである。

さてペレウスとテティスが結ばれた翌朝、神々が結婚の祝宴にやってきた。古代ギリシャ人の間では結婚式の初夜の翌日一族の者が若い二人に贈り物をもってくる習慣があったことが、この物語からうかがわれる。

祝宴に招かれた神々はそれぞれこの結婚にふさわしい贈り物を贈った。デュオニソスは贈り物のぶどう酒をアンフォラ（両手つきの壺）に入れて背負ってきた。このアンフォラは悲劇的な意味をもっていたという。たしかに酒はその後人間たちに多くの過ちや不幸を生じさせることになる。ポセイドンは不死なる馬を二頭ペレウスに贈るが、この二頭の馬はアキレウスに従ってトロイアに行き、悲劇の予言者になる。ケイロンはとねりこの槍を贈ったが、この槍はのちにアキレウスの手で悲劇的名声をうる定めであった。

不死なる神々は贈り物をしたのみならず、祝宴に列席し、人間たちといっしょに食事をした。そのころはまだ、神々と人間はしばしばいっしょに食事をしたものである。女神テティスと人間ペレウスのこの結婚でその習慣は終りとなる。

ゼウスはすべての神々をこの祝宴に招いたが、「不和」の女神エリスだけは招かなかった。エリスは戦争であろうと内輪もめであろうとたえず不和の種をまきちらしていたからである。

エリスは祝宴には姿を現したが、招かれていなかったので中に入ることは許されなかった。怒ったエリスは神々の間にりんごを一つ投げ込んだ。このりんごは女神たちにふさわしく黄金のりんごであったが、これがトロイア戦争の発端となるのである。

このりんごには「もっとも美しい女性に」という言葉が刻まれていた。さっそく三人の女神、ヘラ、アテナ、アプロディテがその禍いに満ちた贈り物を自分のものだと主張し、争いが起きた。三人はゼウスに審判を求めた。しかし神々の王ゼウスは一人を選べば他の者が果てしなく不平を鳴らすことがわかりきっていたので、この審判役になることを拒み、その役目をトロイアの王子で羊飼いのパリスにさせることにした。

❖パリスの審判

ゼウスの命によってヘルメスは、りんごが誰のものになるのか審判させるために、三人の女神をパリスのもとに連れていった。そこでパリスは、どの女神がいちばん美しいか、断を下さねばならなくなった。

羊飼いのパリスは実は幼なくして捨てられたトロイアの王子であった。母親のヘカテは第一王子ヘクトルのあとパリスを生んだとき、自分が松明《たいまつ》を生み、その火で町が焼き尽くされる夢を見て、夢占いにたずねたところ、「この子はやがてトロイアを滅ぼすであろう」と言われ、パリスを山に捨てさせた。しかしパリスは雌熊に育てられ、力強い若者となり、羊飼いとなった。そしてレスリング競技に参加してヘクトルと争ったことから元の身分がわかり、不吉な予言もどこへやら、王子として迎えられていた。

さて古代の詩人や語り手によると、このいちばん美しい女という言葉の意味はたんに性的魅力というものではなく、この世にある良いもののうちで最高のものという意味だという。というのは、アプロディテがもっとも性的魅力をもっていると判定を下すためには、なにもわざわざ羊飼いも王子もわずらわす必要がなかったからである。パリスは王権か、戦いの勝利か、愛に献身する生か——王権はヘラの、戦いの勝利はアテナの、愛に献身する生はアプロディテの贈り物であったが——のうちのどれかを選ばなければならなくなった。この三つの美の形式はどれも神のものであるが、パリスはその選択に直面したのである。美の形式を代表する三人の女神たちはそれぞれにふさわしく輝いており、三人とも皆美しかった。その美をさらに高めるため、彼女たちはイデ山の豊かにあふれる泉で身を洗った。ところが、ケレーニイによると、どの古い物語でもアプロディテは一度も衣裳を脱いでいない。つまりこれらの物語では美しい身体は問題ではなかったのである。女神たちが現れると、羊飼いのパリスは亡霊を見たかのように髪の毛を逆立ててしまった。彼は逃げ出したかったのであろう。

女神たちはパリスにそれぞれ贈り物を差し出した。アテナは戦いの勝利を、ヘラはアジアとヨーロッパの支配権を、そしてアプロディテはゼウスの娘で絶世の美女ヘレネを妻にさせると申し出た。女神たちは自分を選んでもらうべくそれぞれ贈り物（賄賂）を差し出したのである。

パリスは誰を選ぶべきかとっさに決めると、残る二人の女神を口汚く罵ってしまった。愚かなパリスは二人を不必要に侮辱し、他方ヘレネにはまだ会ったこともないのに恋に狂ってしまった。当時ヘレネの美しさは全世界によく知られていたからである。こういうしだいで、パリスは三番目の女神アプロディテにりんごを与えた。

❖死の選択――フロイトの「小箱選びのモチーフ」

話が少し脇道に逸れるかもしれないが、パリスが美の女神アプロディテを選んで彼女にりんごを与えたことについて、次章で見る精神分析の創始者フロイトがどのように考察しているかをここで述べておきたい。

フロイトは一九一三年五七歳のときに「小箱選びのモチーフ(3)」という小論を発表した。短い論文ながら完成度の高い、美しいといってよい論文である。

フロイトはこの論文をシェイクスピアの作品中の二つの場面――一つは喜劇の、もう一つは悲劇の――から説き起こす。

『ヴェニスの商人』では美しく賢いポーシャが父親の意志によって、三人の求婚者のなかから、三つの小箱のうち正しい小箱を選んだ男を夫とすることになっている。三つの小箱はそれぞれ金、銀、鉛で作られていて、そのうちの一つの小箱の中にポーシャの肖像が入っている。その箱を選んだ男がポーシャを妻にできるのである。一人目の求婚者モロッコの王子は金の小箱を選び、二人目の求婚者アラゴンの王子は銀の小箱を選んだ。二人はそれぞれ他の二つの金属をけなしながら、自分の選びとった金属をほめたたえる口上を述べて、それぞれの決定の理由を説明したが、金の小箱も銀の小箱も空っぽで、二人は空しく引き下った。三人目のバッサーニオは鉛の小箱を選ぼうと決心する。この決心のおかげで彼は、すでに運命に試みられる以前にその愛情をかちえていたポーシャを花嫁とすることができた。しかし、バッサーニオが金と銀とに対して鉛を賛美するために言いえたことはごくわずかな、また不自然なことであった。

フロイトは、精神分析の治療を行っているとき、患者の言葉少なで不自然な説明に出会ったとしたら、その不十分な動機づけの背後に隠された動機があると推定しなければならないとして、このモチーフの背後にある心の深層を分析してゆく。

フロイトはこの小箱選びというモチーフはシェイクスピアの独創ではなく古代の叙事詩や物語においても見られ、小箱は女性における本質的なものの象徴、女性そのものを表していると言う。つまりこれは一つの人間的なモチーフ、一人の男性が三人の女性たちのどれかを選ぶということであると言う。そして悲劇『リア王』にみられる小箱選びと結びつく場面をとりあげる。

老いたるリア王はまだ存命中に領土を三人の娘に、娘たちが彼にむかって表明する愛情に比例して、分割する決心をする。上の二人の娘ゴナリルとリーガンはここぞとばかり父への愛情を表明し誇示するが、末娘のコーデリアはこれを拒否する。王はこの末娘の無言の愛を認めることができず、コーデリアを突きのけ、領地を上の二人に分けてしまう。これがのちの不幸の原因となる。

フロイトは、これは一人の男性が三人の女性の中からもっとも善良で秀れた一番年若な女を選ぶという一場面であるとし、同じような状況を内容にもつ場面を童話や物語や神話の中から拾い出している。たとえばエロスの花嫁となるプシュケは三人姉妹のうち一番年若く一番美人である。シンデレラも一番年若の娘で、王子は上の二人の娘をさしおいて彼女を選びとる。そしてパリスは三人の女神の中から三人目の女神をもっとも美しいと断言する。

フロイトは、これらの三人の女たちは、姉妹として登場する場合には、何らかの意味で同質のものとして解釈できると言う。リア王の場合は、三人の娘となっているが、これはおそらくリア王が老人として登場せねばならないからであろうと言う。

さてこの三人姉妹は何者であるか。なぜいつも三人目の女が選ばれることになるのか。フロイトはその三人目の女がただ美しいだけではなくほかにもある特異性をもっていると言う。コーデリアは鉛のように目立たず見すぼらしい。彼女はいつもおし黙っている。心で愛して黙っている。シンデレラは隠れてしまうので見つけ出されない。「隠れる」は「黙っている」と同一視してよいであろう。鉛については小箱選びの中でバッサーニオはその飾りけのなさを讃えている。金と銀とは「声高」であるが、鉛はコーデリアのようにものを言わない。

もっともパリスの審判の古代ギリシャの物語では、アプロディテにはこういう慎み深さはない。三人の女神はそれぞれ若者に話しかけて、甘言によってその心を得ようとする。しかしフロイトは、近代的改作の中で三人目の女のあの特色が奇妙に現れているといい、オッフェンバッハの歌劇『美しきヘレナ』の脚本の一部を引用している。

そして三人目——そう三人目の女神は——並んで立って黙っていた。
りんごは彼女に与えざるをえなかった……

フロイトはこうして三人目の女の特徴が「沈黙」であるとし、ついで、精神分析の告げるところによれば、沈黙は夢においては死のもっともありふれた表現であるという。そしてさらに、もし三人目の女が死の女神であるとすると、上の二人が誰であるかもわかる、この三人は運命の神の姉妹たちであるとしている。

ギリシャ最古の神話では逃れ難い運命の人格化されたものとしてただひとりのモイラしかいなかったのが、のちにその力が三人姉妹の運命の女神たちクロトとラケシスとアトロポスに分有されるようになったという。クロトは紡ぎ役で生命の糸を紡ぎ、ラケシスが測り、アトロポスが切るのである。アトロポスは避け得ぬもの、死を意味している。

さてこのように、三人目の女は死の女神、死そのものということになる。ところがパリスの審判ではそれが愛の女神であり、プシュケではそれが愛の女神にも比すべき美人であり、『ヴェニスの商人』では美しく賢明な女性であり、『リア王』ではただ一人の誠実な娘である。これ以上の矛盾があるだろうか。

しかしながら、とフロイトは言う。ある種の矛盾、正反対のものによる置き換えは精神分析学からはありうることである。矛盾は、夢においては、しばしば同一のものによって表現される。人間がモイラという女神を作り出したことは、人間もまた自然の一部であり、それゆえ避けることのできぬ死の法則の支配下にあることを認識した結果である。しかし人間のなかの何ものかが、この認識を受け入れまいとした。人間は現実において満足させられなかった願望を満たそうとし、空想を働かせる。人間の空想はモイラ神話に具現された洞察に反抗し、死の女神を愛の女神によって代用させたのである。三人目の女性はもはや死などではない。もっとも美しく、もっとも善良な、もっとも渇望に値する、もっとも愛するに値する女性であることになった。そしてこのすり替えは必ずしも困難ではなかった。それは古くからある感情両立性《アンビバレンス》によって準備されていた。ギリシャのアプロディテは古い時代においては死の女神と同じものであったし、東洋諸民族の偉大な母性神たちはみな破壊者であるとともに生産者であり、死の女神であると同時に生命と受胎の女神であった。

筆者はここで、アプロディテが「泡から生まれた」という意味であることを思い起こす。時のはじめにクロノスがその父親ウラノスを殺し、その巨体を海に投げ捨てた。ばらばらにされたウラノスの身体から流れ出た血は陽光の中にただよい、白くなって泡と化した。その泡から愛の女神アプロディテが誕生したのである。この金髪の乙女はキュプロスの岸に上陸した。彼女の歩くところには花が咲き、小鳥が歌った。はじめに殺害があり、そこから愛の女神が誕生したわけである。フロイトの言うごとく、人間の願望が死という運命に抗して愛を生んだのであろうか。

フロイトはさらに言う。選択というテーマが三人姉妹の神話の中に入りこんできたのは願望による逆転が行われたからである、つまり必然、運命のかわりに、ここには選択があるということになったのである、と。そしてさらに、詩人シェイクスピアが三人姉妹選びを老衰して死にかかっている者（リア王）の手で行わせることによって、古いモチーフをわれわれに理解しやすいものにしてくれている。すなわち、三人の女性たちは、生む女、性的対象としての女、破壊者としての女であって、それはつまり男性にとって不可避的な、女性に対する三通りの関係なのだと。そしてこれは人生航路のうち母性像が変遷してゆく三つの形態である。すなわち母それ自身と、男が母の像を標準にして選ぶ愛人と、最後に再び男を抱きとる母なる大地である。「そしてかの老人は、彼が最初母から得たような愛を得たいと空しく努める。しかしただ運命の女たちの三人目の者、沈黙の死の女神のみが彼をその腕に迎え入れるであろう」。

この最後の文章には五七歳のフロイトのペシミズムが色濃く現れている。それはあたかもフロイトがその後の彼の人生を、すなわち癌の発病、繰り返される手術、ナチスの迫害、異郷での客死という彼の運命を予知しているかのごとくである。

❖ヘレネ

話をもとに戻そう。パリスはアプロディテを選び、彼女の贈り物の絶世の美女ヘレネを得た。

ヘレネはゼウスがレダに生ませた娘であるが、王である人間の父親をもつということにされていた。さて王は娘にふさわしい国中の求婚者たちに同時に求婚させることにした。こういう習慣は、娘に選択の機会を与えるというよりも、求婚者たちが華美を尽くし、権力を示すことができる機会を提供することにあった。だから求婚者たちは競って贈り物をしたのである。富と権力を誇示するということも贈り物のもつ大きな機能なのである。

求婚者の一人として名があげられている者にオデュッセウスがいる。といっても、彼にはメネラオスが勝利をおさめることがわかっていたので、彼自身は現れもしなかったし贈り物もしなかった。彼はただ求婚者たちに、ヘレネの夫選びには従うこと、のちにもし誰かがヘレネをめぐってその夫と争おうとするときにはヘレネが選んだ夫を助けることを誓言するように、という助言をした。すべての求婚者たちは生けにえの馬の上に立って誓言した。これが、のちに彼らがメネラオスの援軍としてトロイア遠征に参加した理由の一つであった。

結局ヘレネはメネラオスを選択し、ゼウスの娘婿のための花冠をメネラオスに渡した。もしヘレネがこのときアガメムノンの弟を夫に選ばなかったら、のちのトロイア戦争は起きず、ギリシャ人とトロイア人に大いなる災禍をもたらすことはなかったであろう。ヘレネはまさしく「美しい禍」であった。

さて女神アプロディテの力によって、ヘレネはメネラオスの留守中に、王家の財宝をもってパリスについていってしまった。二人は結婚式をトロイアで挙げた。

これを知ったメネラオスは兄アガメムノンに相談し、アガメムノンはかつての求婚者たちに使者を送って彼らに誓言を思い出させ、さらに、もし彼らが今度のヘレネ誘拐者を罰しなかったならば、以後ギリシャのいかなる王も自分の妻の愛を確信できないだろうと警告した。こうしてギリシャ軍は十年の準備ののちに、パリスを罰しヘレネを取り戻すべくトロイアに向けて出発した。

❖イピゲネイア

しかしそのとき、航海に必要な順風が異常に長い間吹かなかった。そこでアガメムノンはその年のいちばん立派な実りを女神アルテミスに捧げることを約束し、アルテミスはこれを聞き届けたらしい。ところがたまたまアガメムノンが女神の神苑で角の生えた、まだら毛の雄鹿を狩り出したとき、アガメムノンの口から軽率な言葉がもれた。「アルテミスでさえ……(この動物をもはや救うことはできまい)」。アルテミスはこれに怒り、順風はまたもや吹きやんでしまった。予言者カルカスは占いを求められて、アガメムノンの最初に生まれた娘(イピゲネイア)を生けにえに捧げて、侮辱された女神の怒りをなだめなければならないと占った。そこでアガメムノンは娘を母クリュタイネムストラのもとから連れてくるために、イピゲネイアにアキレウスと結婚するためにアウリスに来てほしいと嘘をついた。この嘘はオデュッセウスが案出したものだという。

結婚と死とは、冥界の王ハデスがペルセポネを奪って結婚して以来、かならず連想される概念である。

このような神々への供儀こそが贈り物の源である。無力な人間は恐ろしい神々に捧げものをして穏かに鎮まることを願った。贈り物に犠牲という意味が伴うのはこのゆえであろう。

アルテミスはイピゲネイアがまさに焼き殺されようとする瞬間に彼女を小鹿と入れ替え、イピゲネイアを巫女としたという。

このイピゲネイアの物語は読む人の心に深い印象を与えるのであろう。エウリピデス、ゲーテ、サルトルなど多くの文学者が作品化している。

わが国の古事記にも遠征の航海を進めるために女性が犠牲になる物語(4)がある。

小碓命《オウスノミコト》（倭健命《ヤマトタケルノミコト》）の東征のおり、命が走水の海（浦賀水道）を渡ろうとされたとき、その渡《わたり》の神が浪をおこしたため、命の船は進むことができなくなった。そのとき命の后弟橘比賣命《きさきオトタチバナヒメノミコト》が「私が御子にかわって海に入りましょう。御子は使命を果たして天皇に復命してください」と言って、海の上に敷物を敷いてそこに下りられた。そうすると暴浪《あらなみ》がおのずからないで命の船は進むことができた。そのとき弟橘比賣命がうたわれた歌が「さねさし　相模の小野に　燃ゆる火の　火中に立ちて問ひし君かも」（高い山の立つ相模の国の野原で燃え立つ火の、その火の中に立ってわたくしをお呼びかけくださったあなたよ）。それから七日の後に后の御櫛が海岸に打ち上げられていたので、その櫛をとって御陵を作っておさめたという。

悲しく美しい物語である。イピゲネイアがだまされて犠牲になったのとは異なり、弟橘比賣命は愛する夫のために自ら進んで命を捧げている。

❖「贈り物をたずさえるギリシャ人に用心せよ」

ギリシャ神話に話を戻そう。

ようやく出航したギリシャ軍はヘレネを取り戻すべくトロイアに攻めかかり、ここに十年にわたるトロイア戦争が始まり、ギリシャ人たちは多大な歳月と生命を失った。アキレウスをはじめ多くの英雄、人間が死んだ。増えすぎた人間たちの重みに耐えかねている大地のために人間たちの数を減らそうとしたゼウスの意図が実現したのである。そして冒頭に述べた巨大な木馬が作られた。この木馬には「感謝のしるしにギリシャ人、アテナに捧ぐ」という文字が彫りつけられていた。この策略によってトロイアは落城し、トロイアの城市にうち入ったギリシャ軍はトロイア王プリアモスを殺し、おびただしい残虐行為を行った。メネラオスは再び手に入れたゼウスの娘である妻ヘレネといっしょにできるだけ早く帰国の途につくことだけしか考えなかった。

「贈り物をたずさえるギリシャ人に用心せよ」。

膨大なギリシャ神話の中から木馬の贈り物に関連すると思われる物語を読み、そこに現れる贈り物についてみてきた。多くの贈り物が敵意、陰謀、策略の手段であり、ときには死をもたらすものであった。贈り物には用心しなくてはならないらしい。

✣命の贈り物

最後に、ギリシャ神話の中では例外的な（と筆者には思われる）、権謀術数とは無縁の、愛による命の贈り物について紹介しておきたい。

追放を受けたアポロンが一時牧夫となってテッサリアの王アドメトスの家畜の世話をしていたことがあった。王は新しい牧夫が神であるとはつゆ知らなかったが、ふだんすべての人々に対してそうであったように、たいへん親切にアポロンを遇した。アポロンはいつかそのときの恩返しをしようと誓った。王が若くして運命の女神により死を定められたとき、アポロンは運命の女神たちに介入し、王を弁護したので、運命の女神たちは自分たちの規則を曲げ、アドメトスが自分の身代りに死者たちの仲間に加わる者を見つけられればという条件で、王の助命に同意した。アドメトスの妻、美しいアルケスティスが身代りを申し出て、彼女の願いは聞き入れられた。のちに彼女はヘラクレスによって死から救われた。

愛する夫のために命を捧げる、文字どおり献身的な女性の物語である。

✣贈り物と人間の運命

ギリシャ神話に現れる贈り物についてみてきたが、その贈り物が人間にとってどのような意味をもっていたかを考えてみたい。

運命の定めのときがくると、人間は神々によってほかの動物たちとともに、大地の中で土と火とそれらの元素をまぜ合わせたすべてのものから創られた。人間は神々から命を贈られたのである。ただしそのとき動物たちにはそれぞれふさわしい能力が分かち与えられたが、エピメテウスの軽率によって人間には何も与えられなかった。人間には闘うための牙や角や爪も、身を蔽うべき毛皮も与えられなかった。人間は裸で無防備のままこの世界に投げ出された。人間は神々とも違う、また動物とも違う存在として命を与えられたのである。

神々の一人でありながら人間の味方であるプロメテウスは人間に火を贈る。他の動物と違って人間だけが火を用いることができるようになる。そしてこの火の贈り物によって、人間は夜の暗闇から逃れることができるようになり、暖をとることもできるようになる。文明の始まりと言ってよいであろう。しかし人間の歴史をふり返ってみれば、火の使用は必ずしも人間を幸福にしたとは言えない。火は闘いに用いられ、多くの人間を殺し、人間の不幸の源にもなったのである。

さらにプロメテウスはゼウスを欺いて、一頭の牛のうち食べられる肉を人間に、食べられぬ骨を神々に贈る。ここで神人共食の時代は終り、神々は天上に、人間は地上に住むことになる。地上に住む人間は流血供儀によって神々に贈り物を捧げ、神々と交流しようとする。そして天上の神々のもとには骨を焼いた煙と香が届き、人間は生命を維持するために肉を食べることになるが、その肉は腐敗を免れ難いものである。つまり神々のもとには死と無縁の昇華されたものが届き、人間は死を象徴するものを食することになる。プロメテウスの肉の贈り物は人間に生存を可能にすると同時に、人間が不死なる神々とは異なり、死すべき運命にあることを知らしめているのである。

命の贈り物、火の贈り物、肉の贈り物といった神々から人間への贈り物は、人間が生きていくことを可能にしてくれると同時に、人間が神々といかに遠い距離によって隔てられた存在であるかを人間に知らしめている。神話学者吉田敦彦[5]は、神話は世界にある秩序を定めるものだという。世界の秩序、コスモスとはあらゆるものの間にモイラ（運命）の違いが定められていて、その違いを超えることが許されないところにおいて成立する。コスモスは隔たりが生じることによって成立するという。神々から人間への贈り物は、神々と人間との、また人間と動物との違いを知らしめることによって、カオスをコスモスに、闇を光に変えているのである。

さらにゼウスは人間に女性を贈る。この「美しい禍」は神々によって美しい身体と声と衣裳を贈られるが、ヘルメスは彼女に開けてはならぬ金の箱と好奇心を贈る。その箱には人間の不幸や禍いがいっぱい詰まっていた。好奇心に負けたパンドラはその箱を開き、世界に不幸と禍いが満ちあふれることになる。そしてその禍いに満ちた世界を人間は希望にすがって生きてゆくことを運命づけられるのである。

神々からの贈り物は実に両義的である。命も火も肉も女性も、人間に幸福を与えるとともに多くの不幸を与えている。そのような生を生きることが人間の運命なのだと、神々からの贈り物は人間に告げ知らせている。

テティスとペレウスの結婚のときに、神々は若い二人にさまざまな贈り物をもってくる。デュオニソスはぶどう酒を、ポセイドンは不死の馬を、ケイロンはとねりこの槍を贈るが、これらはいずれものちに人間に悲劇をもたらすものである。酒は人間に慰めや平安をもたらすばかりでなく多くの不幸をもたらした。本稿ではふれることができなかったが、二頭の不死の馬はアキレウスに従ってトロイアに赴き、悲劇の予言者となる。とねりこの槍はアキレウスに用いられて多くのトロイア人を殺し、悲劇的名声を得る。ここでも神々の贈り物がトロイア戦争という悲劇を招く。

そして「不和のりんご」は三人の女神の争いとパリスの審判を招き、トロイア戦争の決定的原因を作り出すのである。

パリスの審判では人間が選択するということがはじめてみられる。それまで人間は神々からの贈り物をただ受け取るだけの受身的存在であった。贈り物を受け取ることによって神々の定めた運命に従うだけであった。しかしパリスは三人の女神の差し出す贈り物から一つを選択する。運命にただ従うのではなく、自ら決断し、選択し、自らの生を選び取ってゆくという人間の尊厳が現れる。パリスはヘラの差し出す王権、アテナの差し出す戦いの勝利、アプロディテの差し出す愛に献身する生のうちから、愛を選び取り、絶世の美女ヘレネを獲得する。ところがこの選択がトロイア戦争の悲劇を生む。ギリシャ軍はトロイアを滅ぼし、トロイア王を殺害する。つまり戦いの勝利も王権もギリシャ人の手に握られる。あたかも三人の女神の差し出した贈り物のすべてをギリシャ人は得たかのようにみえる。そしてそれは多くの殺戮と残虐行為の上になしとげられたのである。

フロイトは「三つの小箱のモチーフ」という論文で、パリスは愛の女神を選択したようにみえて実は死の女神を選択したのだと言う。この美しいといってよい小論が指し示しているのは、人間が愛によって死を乗りこえようとするにもかかわらず、結局は死すべき運命にあるということである。フロイトは運命が変え難いことを知りつつ、しかしそれを乗りこえようとする人間の願望の美しさとはかなさを謳い上げているようにみえる。

人間から神々への贈り物は供儀である。人間は犠牲を捧げ、神々との交流を図ろうとする。神々から人間への贈り物が神々と人間との隔たりを告げ、人間はその運命から逃れられないことを告げ知らせるものであるのに対し、人間から神々への贈り物は神々との隔たりを埋め、交流し、神々を宥めその好意を引き出すことによっていくばくなりと運命を変えようとする試みである。そこには運命を変えたいという人間の願望が現れている。

トロイアの木馬はギリシャ軍からアテナへの贈り物であるが、同時にギリシャ軍からトロイア軍への贈り物である。人間から人間へのはじめての贈り物といってよいであろう。そしてそれは善意や好意や愛ゆえのものではなく、敵意と陰謀と策略の手段であった。まさしく贈り物をたずさえるギリシャ人には用心しなければならない。

アルケスティスの命の贈り物は、ギリシャ神話の中の贈り物としては例外的に、人間の死すべき運命を愛によって変えようとした、文字通り献身の物語である。そして愛と献身が運命を変えた。ギリシャ人はこの愛と献身に感動し、ヘラクレスをして彼女を死から救い出させずにはおけなかったのであろう。

2　日本の昔話にみる贈り物

ここまでギリシャ神話にみる贈り物、とくに神々から人間への贈り物についてみてきたが、そこには悪意や怒りや嫉妬や権謀術数がうずまいていた。それはある意味できわめて現世的、人間的であるが、そのあまりの人間くささに辟易させられることもある。ひるがえって日本の神話をみると、古事記や日本書紀にも贈り物がみられないわけではないが、ギリシャ神話に比べると少ないように思う。日本文化の中で贈り物が果たしている大きな役割からするとむしろ意外なほどである。

他方、日本の昔話のなかには実に多くのさまざまな贈り物が語られている。そこでここでは関敬吾編『日本の昔話』のなかから、贈り物が語られている話をいくつかとり上げて、ギリシャ神話と比較しながら考えてみたい。日本の昔話のなかの贈り物はギリシャ神話にみる贈り物とは著しく様相を異にしている。ギリシャ神話の贈り物が権謀術数の道具であったり災の源であったりするのに対し、わが国の昔話の贈り物は権謀術数とは無縁であり、贈り物の受け取り手が不幸や災に見舞われることも少ない。むしろ一時的に――一時的であるということが重要であるが――幸せになる話が多い。

贈り物が登場する昔話のなかには動物を助けて御礼に贈り物をもらうという話がいくつかあり、その多くは異類婚姻譚の構造をもつ。ここでは特にそれをとり上げてみる。昔話の内容紹介は筆者が要約したものである。

❖『鶴女房(6)』

嘉六という男がいて、七十ばかりの母親と山の中で炭焼きをして暮らしていた。冬の頃蒲団を買いにいく途中、鶴が罠にかかっているのをみて、罠をかけた男に蒲団を買う金をわたして鶴を買い、すぐ放してやった。今夜は寒くても仕方がないと嘉六はうちに帰り、母にわけを話すと、母は「わいがすることだからよか」と言った。

そのあくる晩、立派な女が嘉六の家にやってきて「どうか今夜泊らせてください」と頼んだ。嘉六が「こういう小屋では」と断るのを女がさらに頼み込むので泊めてやると、女は「相談がある、どうか私をあなたのおかた（妻）にしてください」と頼んだ。嘉六ははじめは自分が貧しいからと断ったが、とうとう嫁にした。

それからしばらくしてそのおかたは「私を三日ばかり戸棚のなかに入れてくだされ」と言った。おかたは四日目に出てきて「嘉六どん、嘉六どん、私が戸棚のなかで織った反物を二千両で売ってきてくだされ」と、戸棚から反物を出した。嘉六がそれをもって殿様の館にいくと、殿様は「これは立派な反物だ。二千両でも三千両でも買ってやるが、もう一反できんか」と言った。嘉六がうちに帰ってそう言うと、おかたは「ひまさえくだされば もう一反織りましょう。今度は一週間戸棚のなかに入れてください」と言った。

一週間目に嘉六が心配になって戸棚をあけてみると、一羽の鶴が裸になって、自分の細い羽根を抜いて反物を織っていて、ちょうど織り上げたところだった。鶴は「実はわたしはあなたに助けられた鶴です。こうして体をみられた上は愛想もつきたでしょうから私はもうおいとまします」と言い、千羽ばかり飛んできた鶴とともに飛んでいってしまった。

嘉六は金はたくさんできたけれど別れた鶴に会いたくて仕方なく、日本中探し回った。あるところの浜に坐っていると、むこうから小舟にのって一人の爺さんがきたので、どこから来たかを尋ねると、「鶴の羽衣」というところから来たというので、頼んでつれていってもらった。そこには立派な池があり、裸の鶴をまん中にしてたくさんの鶴がいた。裸の鶴は鶴の王様であった。嘉六はここでしばらく御馳走を受け、また爺さんの舟に送られて帰ってきたという。


嘉六は母親と二人暮らしで、まだ独身である。母親が七十ばかりというから、嘉六も若くはない。おそらく中年であろう。炭焼きをしてひっそりと暮らしている。その嘉六が罠にかかった鶴を助け、あくる晩立派な女がやってきて妻にしてくれという。河合隼雄[7]が注目しているように、嘉六は自分の暮らしの現実を考えて一度は断っている。男は自分の身に過ぎた贈り物をいったんは辞退したのである。多分、そのせいで、嘉六は鶴に去られてからも金を、つまりもっとも現実的な贈り物を手に入れることができたのであろう、と河合は言う。

ただし嘉六は欲張りでもある。はじめの一反で満足せず、殿様の言葉に負けてもう一反織ることを求めている。この欲のために、一週間たたないうちに戸棚をあけてしまう。そして鶴は去っていく。「異類婚姻譚」、つまり動物が人間の姿で嫁に来るけれども、正体を見られて去るという話のなかに、河合[8]は「見るなの座敷」あるいは「見るなの禁」があると言い、北山修[9]も「見るなの禁止」があると言う。やってきた女房が主人公の男性に贈るものを作るのだが、その作っているところを見てはならないと禁止する。北山は見てはならないとされる秘密は女性の性に関するものに集中しているという。正体を見られた女房は恥じて去る。

この話では鶴は反物を織っている。織ることは古来女性の仕事とされ、女性性を表している。鶴が裸になっているところにも性的なことがらが示唆されている。反物は異界からやってきた鶴が自分の羽根を抜いて織り上げた、まさに身を削って作った贈り物である。禁を守ることのできる強い自我をもつ男性だけが、女性からの献身的贈り物を受けとることができるのであろう。

似た話に『鯉女房』[10]がある。

❖『鯉女房』

大きな鯉を助けた旦那のところに、夜になって女がやってきて、女中として働くことになる。女はたいへんよく働き料理が上手であったので、男は大いに気に入って、やれ汗とりだのやれ下駄だのといろいろなものを贈るが、女はもらったものは何でもかでも棚の上にあげてしまって使わなかった。

二年ばかりして、不思議に思った男は、見てはならないと禁止されていたのに、女が料理をするところを覗き見てしまう。すると女は「けつをふんまくったかと思うと、鮒だの鯉だやら尻尾みたいなものを出して、鍋のなかをぐりぐりっとゆさぶ」っていた。このことを知って男は女に暇を出し、女は去っていくが、男がひそかにあとをつけていくと、女は大きな鯉になって川の深みにとびこんだ。

鯉を助けた男のもとに夜女が訪れてくる。女は男のために上手に料理を作るが、男から贈られたものは受け取っていない。贈り物を受けとることは贈り手と結ばれる、贈り手の気持を受け入れるということである。女はこの世界の男と決定的なつながりをもつことは拒んでいたのである。いずれ正体を知られて去らねばならないことを知っていたのであろう。

この話では男は「旦那」とされているから貧しくはないのであろう。女がくるまえにも別の女中がいたようなので、一人暮らしではなかったろうが、独身ではあるらしい。年齢は中年に達しているように思われる。

次の話も、動物を助けた独身の中年男性のところへ女性が贈られてくる話である。

❖『魚女房』(11)

昔貧乏な男が浜に寄木が流れてきたのでひろいに行くと、亀の卵が沢山孵っていた。親亀は浜まで迎えにきたが、子どもたちのところに人間がいるので水の上に首だけ出してながめていた。男はかわいそうに思って亀の子を砂から掘り出して親亀にわたしてやった。

それから男は焚物をひろって家に帰ろうとすると、さっきの亀がやってきて「さきほどはありがたいことでした。お礼にねいんや（海底の浄土）まで案内します。どうか私の背中にのってください」と言った。男がのると亀は翼を一はねしてねいんやについた。亀は途中で男に、ねいんやの神様があなたに何が欲しいときいたら「あなたの一人娘が欲しい」と答えなさいと教えた。

男は神様のまえにつれていかれ御馳走になり、「おまえは何が欲しい」ときかれたので、「あなたの一人娘が欲しい」と言うと、神様は一人娘をくださり、二人がねいんやをたつとき「ちーちー小函」というものをくださった。

男は島へ帰ってきた。食物は何でも妻がととのえてくれ、家はいっとき金持になり、そのうち子どもが三人できた。

妻は毎日座敷のまん中で障子を立てきって水を浴びたが、男に決して見てはならぬと約束させた。ところがある日男がそっと覗いてみると、妻はたらいに水をいっぱいいれ、魚の姿になって、両手は胸鰭になって、はたはたと水を浴びていた。男がしまったと思っているうちに妻は着物をきて、それから御馳走をこしらえ、「見てはならないとあれほど言ってあったのに見てしまったからもう二人は一代の暮らしはできません。下の子どもは私がつれていきますから、上の子二人はあなたが育ててください。子どもを育てるだけのことは私がしてあげます」と言って、男に「ちーちー小函」をくれた。そして「この小函は決してあけてはいけません。もしあけるときは海ばたで二つの足を水の中に入れてから、あけなければなりません」と教え、下の子をつれて出ていった。

　女が家を出てしまうと男はさびしくてたまらず、言われたことも忘れて家の中で「ちーちー小函」をあけた。すると小函の中から白い煙がぱっーと出て、家はたちまち昔の貧しかったころのままに変わった。

　その後子どもは食べるものがないので毎日海へ行って魚などをとって食べていた。ある日水の上にとろとろとした何ともいえない美しい光のさすものが流れていたので、とろうとすると子どもの手にすこしばかりついた。子どもからその話をきいて今度は父親がとりに行くと、ぶくっと水の中に潜り込んでしまった。

　これはしるふという世にたぐいもない宝物で、ねいんやの神様が子どもに授けたものだったが、果報のない親がとりにきたので水の底へいってしまったのだとのこと。のちに男は後妻をもらったので、二人の子どもは生きうせにうせて見えなくなったということである。

　この男も独身のようである。浜に流れ寄った寄木をひろって焚物にしようというくらいだから相当貧しかったのであろう。年齢は不詳であるが、この話を読んでいると青年の若々しさは感じられない。おそらく中年であろう。その男が亀の子を助け、亀はその御礼に男を海底のねいんやへと案内する。興味深いことにこの亀は翼をもっている。

　斎藤なつみ[12]はこの亀が翼をもつことに注目し、翼をもつものから鳥を連想して、ユングや河合を引用しつつ、鳥が魂、精神などを表し、突然にひらめく考えや思考の流れ、空想などに結びつくとして、この亀は男の魂であると言う。男の魂は女性あるいは女性的なるものを求めていたのであろう。

男はねいんやの神から一人娘をもらう。男は異界つまり無意識界に行き女性を得る。なんだか実に容易に美しい女性を得ることができて、読んでいるわれわれはすこし拍子抜けがする。西洋の物語では英雄が女性を獲得するにはいくたの試練をのり越えねばならないが、それとはまったく対照的である。

この話でも「見るなの禁止」というモチーフが出現している。贈られた女の真実の姿を見ることは男には禁じられているのに、男は好奇心に負けて見るべからざるものを見てしまう。正体を見られた女は恥じて夫のもとを去る。大いなる贈り物は黙って受け取っておくべきで、その由来を詮索などしない方がよいのであろう。

女が去ったあと男はさびしさに負けて「ちーちー小函」をあける。男はここでも禁を犯してしまう。男が函をあけると白い煙がぱっーと出て、家はたちまち昔の貧しかったころに戻る。男はこの世の現実に戻るのである。河合隼雄(13)が述べているように、日常の世界＝意識の世界と非日常の世界＝無意識の世界はいったん出会うけれども、またそれぞれに分かれてゆく。贈り物はあちらの世界からこちらの世界に贈られ、二つの世界をつなぐのであるが、二つの世界はついに統合されることはなく、小函から出る煙によって再び分離するのである。

その後子どもがねいんやの神様が授けた「しるふ」をみつけるが、男がとろうとすると水の底に入ってしまう。「果報のない親がとりにきたので、水の底に入ってしまった」とあるように、贈り物は受け取る資格のない者には与えられないのである。そして子どもは「生きうせて見えなくなった」。河合は「立ち去ってゆく女性の怨みが何らかの形で作用したもの」であるという。

❖『母の目玉(14)』

昔あるところに正直な商人がいた。物売りに出て村を通りかかると、子どもたちが子蛇をとらえて殺そうとしていたので、商人はかわいそうに思い、子どもたちに小銭をやって子蛇を助けてやった。

ある晩夜中に女の声がするので商人が戸をあけると、見知らぬ女が立っていて、「道に迷ったので一晩宿をかしてください」と頼んだ。商人がその女を一晩泊めてやったところ、翌日もその翌日も女は「もう一晩泊めてください」と言って帰ろうとせず、「わたしは帰る家もないのでどうか嫁にしてください」と頼んだ。商人もひとり者だったので夫婦になり、そのうち男の子が生まれた。商人は毎日働いていたが、ある日いつもより早く帰ると家の戸がしまっていたので窓から覗いてみると、大きな蛇がとぐろをまいてそのまん中に子どもを抱いていた。商人はこわくなって逃げ出したが、晩方になって様子を見にいくと、もうもとの人間の姿になっていた。そして夕食を食べながら女房は「あなたは私が昼寝をしているところを見ましたね。私はいつぞやあなたに助けられた蛇です。見られた上はもうどうすることもできませんから別れましょう」と言い、大きな玉を出して「これを子どもにねぶらせてください」と言って家を出ていった。

近所で「母親がいないのに子どもが育つのはふしぎだ」と評判になり、玉をねぶらせていることがわかり、それが殿様の耳に入り玉はとり上げられてしまった。その日から子どもは泣いてばかりで育たなくなった。商人はたいそう困って、教えられた山のほら穴に行き、「たった一度でよいから出ておくれ」と頼むと、穴の中から女が出てきたが、片目を布で巻いていた。「もうあの玉はありません。あの子のことを思って叔母さまの目をもらってきました」と玉をくれ、「もうここにいてはまた取られてしまいます。どこかに逃げてください」と言った。商人は言われた通りに子どもをつれて逃げた。それからしばらくして山がくずれ、殿様は石の下じきになって死んでしまったという。

この商人は正直で親切な男で働き者らしいが、とりたてて英雄的行為をするわけではない。子蛇を助けるだけである。家族はなさそうで一人暮らしをしているらしい。日々物売りをしてつつましく暮らしをしていたのであろう。蛇を助けたのは心の中の情動的なもの、無意識的なものを生かそうとしたのであろう。すると夜に女がやってきて夫婦になる。この話では妻から夫に見てはならないという禁止がはっきりされたわけではないが、男はいつもより早く帰ってきて、女の真の姿を見てしまう。女は男のもとを去っていくが、子どもへの贈り物として大きな玉を残していく。この玉は母の目玉であり、女は文字通り我身を削って子どもに贈り物をしたのである。

真実の姿を見られた女は山のほら穴に帰る。山は深みという意味で海と同じく無意識の世界を表している。無意識界から贈られてきた女性は再びそこに帰るのである。

次に異類婚姻譚ではないが、共通するところを多くもつ浦島太郎の話をとり上げる。

❖『浦島太郎⑮』

昔、浦島太郎という漁師が、七十あまって八十に近い母親と二人で暮らしていた。母親が嫁をとれと勧めても「稼ぎがないからもらっても食べさすことができん。お母がある間は日に日に漁をしてこのままで暮らすわい」と言っていた。

浦島太郎が四十の年になったある日、魚が一つもかからぬので困っていると、魚ではなく亀が二度、三度とかかったが、浦島太郎はその亀をその都度海へ放してやった。

日が沈んでも魚がとれず、お母に何と言おうかと思いつつ帰路につくと、むこうから渡海舟がやってきて、舟頭が「浦島さん、どうかこの舟に乗っておくれ、竜宮の乙姫さまからのお迎じゃ」と言った。浦島が舟に乗ると、渡海舟は海の中にもぐって竜宮界に行った。そこには御殿があり、お姫さまがご馳走をしてくれて「二、三日遊んで帰るがよい」と言った。そこでつい三年の月日を過ごし、もう行かにゃならぬと乙姫さまにいとまごいをすると、乙姫さまは三重ねの玉手箱をくれた。そして「途方にくれたときにこの箱をあけるがよい」と教えてくれた。

村に帰ってみるとまわりは山の相まですっかり変わっていて、ある家で老人がわらの仕事をしていた。「浦島太郎という人を知っているか」とたずねると、その爺は「わしの爺の代に、浦島という人が竜宮界へ行ったがなんぼ待っても戻ってこなかったという話だ」と話した。母親もとうの昔に死んでしまったということだった。浦島は今は何も残っていない家の跡へゆき、思案にくれて、箱の蓋をあけてみると、最初の箱には鶴の羽根が入っていた。もう一つの箱をあけると中から白い煙が上がり、その煙で浦島は爺になってしまった。三番目の箱をあけると鏡が入っていた。その鏡で顔をみると爺様になっていたので、不思議なことだと思っていると、さっきの鶴の羽が背中についていた。そこで飛び立ってお母の墓のまわりを飛んでいると、乙姫様が亀になって浜へはい上ってきた。鶴と亀とは舞をまうという伊勢音頭はそこからできたものだそうである。

浦島太郎は母親と二人暮らしで、四十歳になろうというのに独身である。漁に出ても魚はつれない。無意識の象徴である海で孤独な状態にあるようである。その浦島太郎は亀を助け竜宮に招かれ、乙姫に歓待される。しかし結婚はしない。母親とのきずなを断ち切って自ら女性を獲得するという努力をしない。三年遊び呆けた浦島太郎がいとまごいをすると、乙姫は玉手箱を贈る。思案にくれた浦島太郎が箱をあけると、白い煙が立ち昇って浦島は爺になってしまう。箱はあちらの世界からこちらの世界への贈り物であるが、それをあけるとあちらの世界は消え去り、一切は元に戻る。つまり自然に還るのである。

✣異界からの贈り物

これらの話に共通して贈る側は動物であったり、神であったり、乙姫であったりと、通常の意味での人間ではない。そして贈り手は海の底や山のほら穴から、つまり日常的世界とは別の「深み」からやってくる。贈り物は非日常的世界つまり異界から贈られてくるのである。そして贈られてくるのは女性である。女性なるものは男性にとって不可知の神秘な存在であり、意識と知に対して無意識と情動を表している。彼女たちが男性を訪れるのは夜、つまり明かるい意識ではなく暗い無意識が支配する時である。そして女性は我身を削って男性に献身してくれる。無意識は意識を脅かすのではなく、意識を助け豊かにしてくれる。

贈り物を贈られるのはたいてい中年の男性である。彼らは一人暮らしか母と二人暮らしであり、孤独なつつましい暮らしをしている。何事かを成し就げて一人前の男性となり、母親から分離して、自ら女性を獲得することはできていない。ユング派が「永遠の少年」と呼ぶ存在のようである。そして、贈り物が贈られてくるまえに彼らがしたことを見ると、贈り物に見合うほどのことはしていないように見える。闘いに勝利したわけでもなく、大きな犠牲を払ったわけでもない。ただゆきずりに動物を助けてやっただけである。これは大したことでないように見えるが、彼らが無意識とのつながりをまったく断っていたわけではないことを示しているのであろう。そのお返しに、無意識界から大いなる贈り物が贈られてくる。

しかしその贈り物には「見るなの禁止」がともなっている。贈り物の正体を暴いてはいけない。美しい女性が実は動物であることを知ってはならない。美しいものに潜む恐ろしいもの、醜いものを見てはならないのである。正体を見られた女性は恥じて去っていく。そして残された男性は元通りの現実に戻る。河合が言うように、何事も起きなかったことになり、こちらの世界とあちらの世界は再び分離し、棲み分けられる。

ギリシャ神話においても贈り物は天上の神々から、つまり「高み」から贈られるが、ギリシャの神々は高みに住まうとはいえ、地上の人間と同様、怒りや憎しみや嫉妬心をもち、権謀術数も用いる。その意味できわめて現世的であり、人間と同じ世界に住んでいる。必ずしも異界に住んでいるわけではない。

人間は神々に犠牲を捧げる。動物を焼き殺し、ときには我が子まで殺害して神々に捧げる。神々はその犠牲に応える。そのやりとりは相互的である。

日本の昔話では、贈り物の受け取り手は一時的に幸せになり、しかし「見るなの禁止」を破ることで一切は元に戻り、何事も起きなかったことになる。ギリシャ神話では、贈り物がその受け取り手に不幸や災をもたらし、その後もそれが契機となって物語が次々と展開してゆく。贈り物によって何事かが起きるのである。そして結局のところ、人間が神々とは異なり不死ならざる存在であることが示される。

ギリシャ神話においても日本の昔話においても、贈り物はあちらの世界とこちらの世界とを結ぶものとして贈られるが、結局のところ二つの世界が別々のものであることをあらわにするのである。

第II章　精神分析にみる贈り物――フロイトと贈り物

1　フロイトと精神分析

精神分析はウィーンに住むユダヤ人の医師ジグムント・フロイト（一八五六～一九三九）によって神経症に対する治療法として創始された。フロイトは患者の語るところに徹底して耳を傾けることによって、人間の精神生活には意識的生活のほかに無意識というものがあり、その無意識がわれわれの言動に本人も気のつかぬまま大きな影響を与えていることを見出した。無意識の中には性欲動や攻撃欲動といったわれわれの日常生活にそのままの形で現れては不都合を生じるものがあり、それをフロイトはエス（イド、それ）と名づけた。一方われわれは幼児期から両親によって社会規範を教えられ、そんなことをしてはいけないという戒めを受けてきている。これが心の中に内在化されたものをフロイトは超自我と呼んだ。そしてこのエスと超自我の間にあって両者を調停しつつ現実に適応すべくさまざまな工夫をめぐらしている心の部分を自我と呼んだ。たとえば性欲動がエスの内から湧き上ってきても、時と場合によっては自我はそれを無意識のなかに押しやり、意識に上らないようにする。これを抑圧という。しかし欲動はすべてを抑圧しつくすことはできない。それは自我の検閲をぐって、形を変えてでも意識のなかに現れようとする。それが神経症の症状であり、夢であり、失錯行為である。フロイトは神経症の症状や夢や失錯行為を分析することで、その人がどのような願望をもつかを探り、その人の言動の潜在的意味を明らかにしようとした。そして患者自身が、自分の言動の潜在的意味を知ることによって、それまで自分がそのようなものをもっているとは思ってもいなかった欲動や願望を自分のものとして受け入れ、自我のコントロール下に置くことを期待した。「エスあるところに自我あらしめよ」というフロイトの言葉は精神分析の目標を端的に現している。

このように精神分析は神経症の治療法として始まったが、やがてそこにとどまらず、さまざまな人間の活動、芸術、文化の底に無意識的願望が働いていることを見出した。つまり人間は必ずしも意識的、理性的存在ではないことを見出したのである。このことはわれわれの人間観に大きな影響を及ぼしている。

このようにフロイトは人間のさまざまな言動の背後に無意識的願望を読みとってきたのだから、贈り物という古くからある行為の背後にどのような願望が働いているかをも当然読みとっているであろう、と筆者は思っていた。ところが意外なことに、フロイトは贈り物についてはごくわずかしか論じていない。フロイトが贈り物についてわずかに論じているのは一九一七年に書かれた「欲動転換、とくに肛門愛の欲動転換について(1)」という論文だけである。その論文でフロイトは「――思いつき、空想、症状――という無意識の諸産物のうちでは、糞便（金銭、贈り物）、子ども、ペニスの概念は区別されにくく、また相互に混同されやすい」と述べて、贈り物のもつ肛門愛的意味に注意を促している。この時期の子どもにとって、糞便は最初の親愛の情を示すために犠牲として手放される自己の身体の一部であって、子どもが愛情を向けた人物のために捧げる最初の贈り物なのである。精神分析の概念に慣れない読者は糞便と贈り物が等価視されていることに違和感をもたれるかもしれないが、赤ちゃんのよいうんちが母親を喜ばせることを思い起こしてみれば、糞便（うんち）が赤ちゃんが母親に贈る贈り物であることを納得されるであろう。フロイトはさらに「贈り物のこの由来を疑う人は精神分析的治療経験に助言を求め、医師として患者から得る贈り物についてよく考え、（医師からの）贈り物によって患者に生じる転移の嵐に注意した方がよいであろう」と述べている。この言葉からはフロイトがしばしば患者から贈り物を受け取ったこと、またときには患者に贈り物をしたらしいことが窺われるにもかかわらず、贈り物について学問的にはほんのわずかしかふれていない。

人間の諸活動にひろく関心をもったフロイトが、また徹底した自己分析を行ったフロイトが、贈り物を受け取りまた贈りながらそれについて考察を深めなかったのは奇妙なことといってよいであろう。おそらくフロイト自身の中に贈り物をめぐって何らかの葛藤があったのであろう。そのため贈り物をめぐる自身の無意識について十分に自覚していなかったのかもしれない。そのフロイトの葛藤がどのようなものであったかを、筆者にできる限り探ってみたい。その方法として、まずフロイトが書いた症例報告のうち、その中でおびただしい数の贈り物がやりとりされる「ドラ」の症例について検討し、ついでフロイト自身が患者や被分析者からあるいは師や友人や弟子からどのような贈り物をもらったか、そしてそれについてどのようなことを語っているかを、フロイト自身の論文、アーネスト・ジョーンズによる伝記、弟子や被分析者の手記などから拾い出してみる。

2　「ドラ」の症例をめぐって

❖「ドラ」の症例と贈り物

「あるヒステリー患者の分析の断片」[2]という一九〇五年に出版された論文でとりあげられた症例がドラと名づけられていて、専門家の間では「症例ドラ」としてよく知られている。このドラの症例は治療が中断に終っているところからフロイトの治療が必ずしも成功していない例として、またフロイトが転移というものに注目しその取り扱いのむずかしさを論じた論文として、精神分析の世界では大いに注目され、後世繰り返しとりあげられている。筆者もこの症例について転移と逆転移という観点から論じたことがあり、その中で贈り物についてすこし触れたことがある。[3]

ここでこの症例をとりあげる理由はこれからおいおいお分かりいただけると思うが、第一の理由は、この論文の中で贈り物のやりとりが実にたくさん記述されているということである。

まず症例を簡単に要約する。

ドラは十代後半の若い女性である。ドラの父親は成功した実業家であったが、結核にかかっておりまた女遊びのために梅毒にもかかっていた。ドラ一家はK氏一家と親しくしていたが、ドラの父親とK夫人は実は愛人関係にあった。ただドラの父親が病弱であり、K夫人が看病が上手だということで、二人の愛人関係はあからさまにはなっていなかった。ドラが一四歳になったとき、K氏は突然ドラを抱擁し接吻した。K氏はその後ドラに数々の贈り物を贈り、ドラが一六歳になったとき、ドラを湖畔のドライブに誘い再び抱擁し接吻するが、ドラはK氏に平手打ちを喰わせてその場から立ち去った。ドラはこの事件を母親に打ち明け、母親はそれを父親に告げ、父親はK氏に問い質すが、K氏は事実を全面的に否定し、ドラが性に関する通俗書に刺激されて事件をでっち上げたのだと主張した。父親はこのK氏の言を容れてドラを非難した。父親はK氏の妻との情事をK氏に黙認してもらうために、娘をK氏に差し出したのである。ドラには耐えられない事態であり、神経性の咳、歩行困難、腹痛、頭痛、失声、痙攣発作、顔面痛などの多彩なヒステリー症状が出現した。そこで父親は以前自身が梅毒による神経症状のために治療を受けたことのあるフロイトのところに、K氏も同伴して、ドラをつれてゆき治療を依頼した。

フロイトはドラの分析治療において、彼女が実はK氏の愛情を喜んでいたのではないかと指摘し、彼女の中の性的願望を探究してゆく。たとえばドラがK氏を平手打ちしてその場から立ち去ったときも、実はドラの中に性的興奮があったのであり、ドラの振る舞いはヒステリー特有の情動反転によるものだと言う。ドラはこういうフロイトの解釈に抵抗して治療を中断する。ドラが求めたのは父親が愛人のK夫人をあきらめること、自分が父親の情事のために利用されたという事実をおとなたちが認め謝罪してくれることだったのである。

フロイトはこの中断の理由を転移が適切に取り扱えなかったためであるとしている。つまり、中断が生じたのはドラがフロイトのうちにK氏（および父親）を見ていることをドラに気づかせることができなかったため、ドラはK氏から逃れたようにフロイトからも逃れたのだとしている。

以上がドラの症例のごく簡単な要約である。実際の論文は訳書で九十頁にわたるたいへん長い論文で、その分析はきわめて詳細であり、これをしも「断片」と呼ぶフロイトの徹底癖には驚かざるをえない。

この報告の中にはたくさんの贈り物のやりとりがでてくる。その理由の一つは、父親が愛人のK夫人に金銭をわたしまたしばしば高価な贈り物をして、「それを目立たなくさせようとして、同時に母やドラにもとくに気前がよかった」からであり、また一方で「K氏は、そこにいあわせた一年を通じ、毎日ドラに花を贈ることができたし、高価な贈り物を贈るチャンスはどれも利用することができた」からであった。そのほか父親からドラへの、若い男性からドラへの、K夫人からドラへの贈り物などがたくさん記述されている。

普通症例報告論文の中でとりあげられる事実やエピソードは考察の素材とするためであり、考察でまったくとりあげられないような事実はわざわざ記述する必要はない。ところがドラの症例には贈り物がおびただしく記述されているのに、それについての考察は後述する宝石箱に関することを除いてはほとんどない。これは不思議なことである。

✣「宝石箱の夢」

さてこの論文の中心はドラの見た二つの夢の分析にあり、第一の夢が「宝石箱の夢」と呼ばれている。フロイトはこの夢の分析からドラの性的願望やエディプス・コンプレックスをとり出しているが、ここでは贈り物という観点からこの夢を考えてみよう。

この夢をドラはこう語っている。

「家のなかが燃えています。父が私のベッドの前に立ち私を起こします。私は手早く衣服を身につけます。ママはまだ自分の宝石箱を持ち出そうとしていますが、パパは『お前の宝石箱のために私と二人の子どもが焼死するのはごめんだ』と言います。私たちは急いで階下に降り、家の外に出たとたんに目がさめました」。

フロイトはドラにいつこの夢を見たかと尋ね、ドラはこの夢をK氏との出来事の起こった湖畔で三晩続けて見たことを思い出した。その後この夢は数日前ウィーンで再び現れた。フロイトはこのきっかけを知りたいと思い、夢をいくつかの要素に分解し、それらに関係のあることが浮かんだら報告するように求めた(4)。それに応えてドラは、父と母が夜食堂を閉めるということでいさかいをしていたこと、食堂を閉めると兄が部屋にとじこめられるので父が反対して「そうはいかない。夜外へ出なければならないようなことが夜中に起こるかもしれないから」と言ったことを思い出した。さらに、彼女がK氏と湖上を周遊したあと昼寝をしていて突然目をさますとすぐ前にK氏が立っていたこと、そしてそのあと寝室に鍵をかけようとしたら鍵がなかったことを思い出した。

フロイトは、部屋は普通「女性の部屋」を意味し、それを開けるのに「どんな『鍵』でその部屋を開けるかということも周知のことである」と指摘している。

フロイトはさらに「ママが持ち出そうとしていた宝石箱はどうしましたか」と質問した。ドラは「ママは装飾品が大好きでパパからたくさんもらっていました」と言い、さらに、パパがママの好まない腕輪をもってきたときにママが怒って、「私の欲しがりもしない贈り物のためにこんなにたくさんのお金を使うなんて、いっそ誰か他のひとにでも贈ったらよいのに」と言ったことを思い出した。フロイトは「そのときあなたならその贈り物を喜んで受けとったのにと思ったのではありませんか」と質問し、ドラは「わかりません。それどころかいったいどうしてママがこの夢に出てきたのかわかりません。だってママはそのときその湖畔にはいなかったのですもの」と答えている。さらにフロイトは宝石箱について質問した。ドラは「そうでした。K氏がそれよりしばらく前に私に高価な宝石箱を贈ってくれたことがあります」と言った。

フロイトは「宝石箱」が女性性器を表現しているとして、次のように言う。

「これで夢の意味がはっきりしてきます。あなたは言っていましたね。この男が私の後をつけている。彼は私の部屋に押し入ろうとしている。私の『宝石箱』は危機に瀕している。ここでもし不幸が起こったらそれはパパのせいだ。それゆえあなたは夢の中でその反対のことが表現されているような状況、つまりそこからパパがあなたを救い出す危機という状況を選んだのです。一般にこの領域では夢はすべてが逆転しているものです。（中略）いずれにせよ秘密はママにあるのです。（中略）パパの愛情に関してはママは以前はあなたの競争相手でした。別の腕輪の事件のとき、あなたはママが突き返したものを喜んで受けとろうと思ったのです。ここで一度『受けとる』を『あたえる』に、『突き返す』を『拒絶する』におきかえてみましょう。そうすると、あなたがすでに、ママがパパに拒んだ物をパパに与えようという気持になっていたことを意味することになります」。

フロイトはこう説明したあとさらに、パパのかわりにK氏がおきかえられていると指摘し、「彼はあなたに宝石箱を贈りました。あなたはそこであなたの宝石箱を贈らねばなりません。そのためにあなたはすこし前に『贈り物のお返し』のことを話したのです。（中略）あなたのママは確かにそこにいたK夫人とおきかえられるでしょう。したがってあなたはすでにK夫人がK氏に拒んでいるものを彼に贈る気になっているということになります」と言っている。

つまりフロイトはこの「宝石箱の夢」から、ドラがドラとK氏とK夫人＝ドラと父と母の三角関係の中で、K夫人（母）と競い合ってK氏（父）と性的関係をもちたいと無意識のなかで願望し、そしてそのことを恐れていると解釈しているのである。これはあきらかにエディプス的な水準での解釈であって、肛門愛的意味を超えているように思われる。

さらにフロイトは「火」についてこう言っている。

おとなは子どもにマッチ遊びをしてはいけないと警告するが、それは子どもたちがベッドを濡らしはしないかと気遣っているからで、火と水の対立関係がその基礎にある。子どもたちは火の夢を見ると、つぎにはそれを水で消そうとする。そしてこの夢では「宝石箱」が濡れないことが問題であるという。しかし火はただ水の反対を意味するものとして使われているばかりでなく、愛情、恋に夢中になっていること、恋に身を焼くことを直接的に示してもいると。

これに対してドラは彼女にも兄にもひどい夜尿があったことを思い出している。フロイトはここで「夢解釈は今や完了したように見えた」と言うが、翌日ドラは夢の追加を話した。ドラは朝目をさますといつも煙の匂がしたことを話すのを忘れていたのだ。フロイトは「煙はなるほど火にぴったりの言葉で、この煙は夢が私とある関係をもっていることを示していた」と述べている。ドラはこのフロイトの解釈に異議をさしはさみ、K氏と父はものすごい喫煙家であると言うが、フロイトは「実はほかならぬ私もそうなのであるが」とつけ加えている。

フロイトはここから転移ということを考え、ドラが面接中にフロイトに接吻してもらいたいという願望をもったのであろうと考え、このことが彼女が警告の夢を繰り返し見たり治療放棄の決意をするきっかけとなったのであろうとしている。そしてこう結論している。「この夢の核心を翻訳するとおよそ次のような内容になるだろう。誘惑はかくも強いのです。パパ、子どものころのように私を守って下さい。私のベッドが濡れないように」。

つまりフロイトは、ドラが治療を中断したのはドラがフロイト（＝K氏＝父）に性愛を抱きかつそのことを恐れたからだとしている。

こういうことは筆者自身の臨床経験のなかでもあることではある。女性患者が男性治療者に恋愛感情を抱き、そのことが治療者と患者という現実状況にそぐわないことと思い、当惑して治療から身を引くことはたしかにある。そしてその背後に、患者の父親に対する禁じられた愛が潜んでいることもある。

ただしこのドラの治療の中断をそのようにだけ理解してよいであろうか。

❖ドラという名前について

ドラという名前について一つ興味深いことがある。前章でパンドラが「すべてを贈られし女」という意味であると述べたように、ドラとはギリシャ語で「贈られしもの」という意味なのである。考えてみると、ドラはドラの父親がK夫人との情事を黙認してくれるようにとK氏に贈った贈り物（賄賂）であった。またフロイトにとってもかつての患者であったドラの父親から格好の分析の対象を贈られたことになっている。当時性を中心に理論を構築しつつあったフロイトにとってドラは貴重な症例であった。父親はドラをフロイトのもとにつれてきたとき、自身の情事についてはそのままにして娘一人を静かにさせてくれと依頼している。つまりドラはおとなたちが自分たちの不誠実な関係を明るみに出さないために提供する賄賂（贈り物）として利用されていた。ギリシャ語で日記をつけたことがあるというフロイトが、ドラのギリシャ語の意味を知らずにこの症例を命名したとは考えにくい。フロイトはドラがおとなたちの間でやりとりされる贈り物であることがわかっていたのではないか。しかしフロイトはこの論文の中では「われわれの患者は――今後ドラという名をあたえようと思うが」と述べるだけで、ドラという言葉の意味についてはふれず、またたくさんの贈り物のやりとりを記述しておきながら、「宝石箱の夢」を除いてはとくに贈り物について分析していない。

フロイトがドラという名前について述べているのは『日常生活の精神病理学』(5)においてである。この著作でフロイトは度忘れ、言いまちがい、し損い、迷信や思いちがいについて、その背後にどのような無意識が作用しているかを分析していて、自身のことについてもいくつかとり上げている。

フロイトがこの女性患者を論文中でどういう仮名にしようかといろいろ考えているとき、思いついたのがドラという名前ただ一つであったので、その名前がどのような動機によって決定されているのかを考えてみたところ、妹のローザの雇っていた女中がやはりローザという名前だったので、同名で紛らわしいのでドラと呼ばれていたことに思いあたった。そのことを知ったときフロイトは「自分の名前さえ名乗ることができないなんて可哀相だな」と言った。そのことがあって「自分の名前を名乗ることができない女の名前を探そうとしたとき、私にはドラという名前しか浮かんでこなかった」と述べている。さらに女中の名前をとったことに関して、「この女患者の病歴では、よその家で働いている人物、すなわちある女家庭教師が治療の経過にとって決定的な影響を及ぼしていたのである」と述べている。ドラがK氏に言い寄られるしばらく前に、K氏は実は女家庭教師にも「私にとって妻は何の意味もない」と言って言い寄り肉体関係をもつが、しばらくして彼女を捨てていた。この話をドラはその女家庭教師から聞いていた。そのドラにK氏は「私にとって妻は何の意味もない」という同じ言葉で言い寄ったのである。

さて、ドラが分析を今日で最後にするとフロイトに告げたとき、フロイトは、いつその決心をしたのかとドラにたずねている。ドラが二週間前だったと答えると、フロイトは「その言葉はまるで女中か家庭教師に対する二週間前の解約通告のように響きますね」と言っている。当時のウィーンでは住み込みの女中や女家庭教師を解雇するときには二週間前に通告するのが慣習になっていたらしい。フロイトはドラの中断の申し出に不快感をもったのであろう。そして「私はドラがもう二度とこないことをよく知っていた。疑いもなくそれは復讐行為であった」と述べている。何に対する復讐であろう。フロイトは自分が復讐されるに値するようなことをドラにしたと感じていたのだろうか。

そしてフロイトは忘れ難い言葉を述べる。「人間の胸の中に完全に制御されずに潜んでいるもっとも悪い悪魔（デモーニッシュなもの）と闘うべくそれを呼び醒す私のような人間は、この悪魔との闘いで傷つけられずにはすまないことを銘記すべきである」。フロイトはドラの心の中に自分が呼び醒した無意識のデモーニッシュなものによって傷つけられたと感じたのであろう。この言葉はすべての精神療法家が、また誰であれ人の心の深みに立ち入ろうとする人間が銘記しなければならない言葉である。

しかしドラが治療を中断したのははたして復讐の行為だったろうか。患者イーダ・バウエル（ドラの本名。マホーニイ[6]が明らかにした）はフロイトのもとを去ることで、自分がおとなたちの間でやりとりされる贈り物（賄賂）ではない、自分自身であると主張したのではなかろうか。イーダ・バウエルは、もちろんフロイトがのちに自分にドラ（贈られしもの）という名前を与えるなどとは知らなかったであろう。しかし彼女はあたかも「私はドラではない」と主張したかのごとくである。彼女は、自分は贈り物ではない、自分の名前を名乗ることのできないような女中ではない、自分自身の権利をもった自立した人間なのだと主張したのであろう。事実彼女はフロイトのもとを去ったあとK氏夫妻を訪れて自分の正当性を認めさせたのである。

このドラの物語はまさしく愛と性と女性の自立とそして贈り物をめぐる物語なのである。

ドラという名前についてはもう一つ興味深いことがある。それについて語るには、精神分析の第一症例といわれるアンナ・Oの症例とその治療者ヨセフ・ブロイエルについてふれなければならない。

❖アンナ・O

アンナ・Oというヒステリー患者を直接治療したのはフロイトの初期の共同研究者であるヨセフ・ブロイエルであるが、のちにこの症例について聞いたフロイトがそこに潜む大きな意味に気づき、そこからブロイエルとフロイトの共著『ヒステリー研究』(7)が生まれ、精神分析が創始されるに至った。

アンナ・Oはウィーンの名門の家に生まれ、すぐれた知性、教養を備えた女性であったが、ブロイエルによると「性的要素の発達していないことは驚くほどであった」。二一歳のころ熱愛していた父親が不治の病にかかり看病するうちに彼女自身が咳や痙攣や言語障害などの多彩なヒステリー症状を呈し、しだいに衰弱してきたので、当時有名な内科医であったブロイエルの治療を受けるようになった。ブロイエルはアンナ・Oの家に往診して催眠治療を開始した。アンナ・Oは自己催眠の状態に陥るようになり、その状態で症状の発生当時の状態を回想すると、その症状は消失した。彼女はこの試みを「お話療法」とか「煙突掃除」と呼んだ。ブロイエルはこの経過に大いに関心をもち、熱心に治療を続け、催眠浄化法という新しい方法を創始した。アンナ・Oの症状はしだいに軽快し、ブロイエルは「このようにしてヒステリーの症状はかたづいた。(中略)やがて彼女はウィーンを旅立った。彼女が精神的健康を取り戻すためには長年月を必要とした。その後は全く健康を享受している」という文章で症例報告をしめくくっている。

しかしのちにアーネスト・ジョーンズが『フロイトの生涯』(8)の中で明らかにしたところによると、次のような驚くべき展開があった。

ある夜ブロイエルが患者の家に呼ばれていくと、アンナ・Oはヒステリー性出産の苦しみに悶え「ブロイエル先生の赤ちゃんが生まれます」と叫んでいた。それはブロイエルが気づかぬままに進行していた想像妊娠の帰結であった。ブロイエルは全身汗びっしょりになってその家から逃げ出した。そして明くる日、妻と「第二のハネムーン」を過ごすためベニスに旅立った。この旅行中にブロイエルの妻マティルデは妊娠し（エランベルジェ(9)によるのちの研究ではマティルデの妊娠はそれ以前から、アンナ・Oの想像妊娠と併行して進行していたとされる）、末娘が生まれた。ブロイエルはこの末娘をドラ（贈られしもの）と名づけた。

アンナ・Oは父親を熱愛していたようにブロイエルを熱愛するようになっていた。彼女は心の深いところで父親の子どもを生みたいと願っていたが、それは禁じられたことなので無意識界に押しやっていた。それがブロイエルの治療によって無意識界から浮かび上り、禁じられた対象である父親ではなくブロイエルに向けられたのである。無意識のなかでは赤ん坊は娘から父への贈り物なのである。

のちにブロイエルからこの話を聞いたフロイトは大いに関心をそそられ、共同研究と出版を申し出たが、ブロイエルはこの経験を思い出すことに乗気でなかった。ブロイエルはこの経験に驚きと恐れを感じていた。アンナ・Oからの赤ん坊の贈り物はブロイエルにとって予期せぬ、恐るべき贈り物であった。フロイトはこうしたブロイエルを説得し、共同して『ヒステリー研究』を出版し、そこから精神分析の広大な世界がひらかれたのである。

ブロイエルはのちに「私は当時、こんな試錬は二度と御免だと心に誓いました」と回想しており、事実その後ヒステリーの精神療法から手を引いてしまう。のちにフロイトは「ブロイエルは意識しないまま転移性恋愛の犠牲になっていたのだ」という見解を発表している。

ジョーンズは『フロイトの生涯』の中で、患者の実名がベルタ・パッペンハイムであることを明らかにした。ジョーンズによれば、フロイトは、ブロイエルが患者に対して強固な逆転移を形成してしまい、ブロイエル夫人のマティルデがやきもちを焼いたため、ブロイエルは治療を終える決心をしたのだと直接ジョーンズに語ったという。さらにのちにポロック(10)はブロイエルの母親が実はベルタという名だったことを明らかにしている。そのベルタはブロイエルがまだ幼ないころ若くして亡くなったのだが、ブロイエルはその母を愛しており、そのため患者（アンナ＝ベルタ）に強烈な無意識的逆転移（ブロイエルが患者に母ベルタを見たという意味ではブロイエルの転移）を起こしたのではないかとしている。ブロイエルは母ベルタを愛し、ベルタとの間に子をもうけたいという無意識的願望をもっていたかもしれない。そうだとすれば、アンナ（ベルタ）が「ブロイエル先生の赤ちゃんが生まれます」と叫んだとき、アンナ・Oの無意識的願望だけではなく、ブロイエルの無意識的願望も満たされていたかもしれないのである。

アンナ・Oがブロイエルの治療を中断したあとブロイエルの妻は妊娠し、娘ドラが生まれた。フロイトはもちろんこのことを知っていた。マホーニイ(11)によれば、症例ドラはドラ・ブロイエルと同じ年に生まれている。さらに、症例ドラはフロイトの治療を受けていたころリヒテンシュタイン通りに住んでいたが、そこはかつてアンナ・Oの住んでいたところだという。精神分析の世界で「ドラはアンナ・Oの娘」といわれるゆえんである。フロイトは自分の患者（イーダ・バウエル）にブロイエルの娘と同じドラという名前をつけ、しかもそのことに一言もふれていない。そしてそのドラから父親転移を起こされた。フロイトはドラの父親になろうと、つまりブロイエルにとって代わろうとしたのだろうか。ドラという命名にはフロイトのブロイエルに対する複雑な感情が反映している。

3　フロイトの生涯と贈り物

✣ヨセフ・ブロイエル

ヨセフ・ブロイエルはフロイトより十四歳年長である。そのブロイエルからアンナ・Oの症例について聞いたということがフロイトにとって実に大きな贈り物となった。フロイトはその贈り物を最大限に利用して精神分析をつくり上げたのである。フロイトはいくつかの論文で、自分がブロイエルに多くを負うていることを繰り返し述べている。フロイトは精神分析という学問の誕生がブロイエルに負うていることを感謝すると同時に、自分のオリジナリティに疑問がさしはさまれるかもしれないという不安をもっていたようである。フロイトは学者としてのオリジナリティとかプライオリティについて、当然のことながら、きわめて敏感であった。フロイトにとってはアンナ・Oはすべての思考の出発点となった大きな贈り物であると同時に大きな負債でもあったのであろう。

フロイトはブロイエルからさまざまな援助を受けている。貧しかったフロイトはブロイエルの家庭をしばしば訪問し、夫人マティルデからも歓待を受け、金銭的にもかなりの援助を受けている。ブロイエルは一時期フロイトにとって父親的な存在であった。

フロイトはブロイエルからアンナ・Oの話をきいたおり、そのことを手紙で婚約中のマルタに伝えている。マルタはすぐブロイエル夫人に同一化し「自分は似たようなことを決して経験したくありません」と書いた。それに対してフロイトは、「あなたがマティルデのような運命になるためには、私がブロイエルのようにならねばならないのですから、あなたは心配する必要はありません」と返事している。佐々木承玄(12)はその著書の中でこの部分を引用しつつ、「(フロイトは)自分はブロイエルのようにはなれないだろうから、マルタにマティルデのような立場で苦しむことはないだろうから心配しなくてよいと述べている。これは言葉を補っていえば『自分はブロイエルのようにはなりたくてもなれないだろうから』という希望的意味合いを含んでいると考えられる」とつけ加え、さらに「『ヨセフのようになりたい』という思いもフロイトの生涯のテーマである」と述べている。

はじめは多少しぶしぶながらもフロイトの共同研究者であったブロイエルは、しだいに分析理論とくに性の重要性についての意見をフロイトと異にし、両者は学問的には袂を分かつことになる。このあたりのいきさつについてジョーンズ(13)はおおむね次のように述べている。

一八九四年の夏以来、二人は二度と協力しなかった。一八九六年にはフロイトのブロイエルへの感情は大きく逆転した。ブロイエルがフロイトの「性が病因である」という説に同意しなかったからである。フロイトにとっては誰か自分の気持をともにしてくれる仲間が一番必要なときに、その目的にかなう知的能力をそなえ、しかも彼をこの道に送り出してくれた一人の人物が、彼の熱意に水をさし、闘いから退いたのである。

フロイトはブロイエルから受けた金銭的援助について、その古い負債の重荷に腹を立てている。一八九八年のはじめに彼はこの一部分をはじめて支払おうとした。ブロイエルはずっと前から贈り物のつもりだったに違いなく、多分それを返されるのがいやだったので、フロイトに治療してもらった親類の者の支払うべき額で帳消しにしてほしいと望んだ。フロイトはこれを保護者の立場を今まで同様守ろうとするブロイエルの画策であるととったらしい。そこで彼はブロイエルの態度にひどく腹を立てた。二年後に彼はフリースに向かって、ブロイエルと完全に手を切れたらうれしいのだが、昔の借金があってそうはできないと告げている。

フロイトにとってブロイエルからの贈り物は大きな負債を意味するようになっていた。そしてフロイトはついにはブロイエルを憎むようになった。人は自分に大きな負債を負わせた人物を憎むようになるのである。

❖ヨセフ・パネトと「Non vixit の夢」

ここですこし遡るが、フロイトの人生に現れたもう一人のヨセフからフロイトへの贈り物について述べよう。

フロイトは婚約者マルタとなかなか結婚できなかった。フロイトは貧しかったし、マルタは遠方に住んでいたので、フロイトはマルタに会うことすら思うにまかせなかった。

ウィーン大学の生理学教授ブリュッケのもとでフロイトとともに学んでいた同僚のヨセフ・パネトはソフィーという女性と婚約していた。裕福だった二人は、フロイトとマルタが早く結婚できるようにと、千五〇〇グルデン（かなりの大金であったらしい）の銀行口座を作り、それをフロイトに贈ってくれた。フロイトはこのことを喜んでマルタに書き送ったが、そこにこう書いている。

「いずれにしても僕は、何人かの人に実に多くの恩義をこうむってしまった。それを数えあげてみると本当に気が滅入ってしまう。しかしマルタ、それまではみみっちいところのあった一人の人間が──ここかしこから差し延べられる親切な愛の手に心打たれて──暖かい献身的な人間になるとしたら、これはすばらしいことではないだろうか(14)」。

フロイトはのちの論文(15)で、無意識の中では贈り物が糞便、金銭、ペニス、赤ん坊と同一視されるとしている。このパネトからの金銭の贈り物によってフロイトはマルタと結婚し、子どもをもうけることができたことを思うと、〈贈り物＝金銭＝ペニス＝赤ん坊〉というフロイトの提唱する等式が、まさにフロイト自身において成立していると考えることができる。

フロイトはこのパネトとソフィーのカップルからばかりではなく、先に述べたブロイエルをはじめ何人かの人たちから金銭的援助を受けている。それはたしかに「気の滅入る」ことであったろう。そして人間はいつしか恩義を受けたことを消し去ってしまいたくなるものらしい。

フロイトは著書『夢判断』(16)の中でいくつか自身の夢をとりあげて徹底的な分析を加えているが、その中で「Non vixit の夢」としてのちによく知られることになるある夢をとりあげてみよう。

《夜、ブリュッケの実験室へ出かけていると、ドアを静かにノックする者があるので、開けると、フライシュル教授（故人になっている）だった。教授は四、五人の見知らぬひとたちと一緒に入ってきて、二言、三言ものを言ってから自分の机に坐った》

これに第二の夢が続く、

《友人のFlが七月にこっそりウィーンにやってきた。私は路上で、彼がやはり私の友人の（故人となった）Pと話をしているところに出会って一緒にどこかへ出かけて、小さな机をかこむようにして向かい合わせに坐り、私はその机の短い側の前の方に坐った。Flは自分の妹の話をして、「四五分で死んだのだ」と言い、それからさらに、「これは閾だね」というようなことを言った。Pがその言葉の意を解しかねたので、Flは私に向かって、「己のことをどの程度君はP君に話してあるのだ」とたずねた。すると私は一種奇妙な感情に襲われ、Pは（何事も知っているわけはないさ、だって、彼は）もう死んでいるのだからとFlに言おうとした。しかし私は自分の誤謬に気づきながらもNon vixit（そもそも生きていなかった）と言ってしまった。そのあとで私がPを鋭く見つめると、私が見ているうちに、Pは色青ざめ、もうろうとなり、眼は病的に碧くなり、しまいにその姿は消えてなくなってしまった。そんなことになってしまったので私は無性にうれしくなり、エルンスト・フライシュルも亡霊にすぎず、幻にすぎないとわかって、「こういう人間はひとがその存在を欲しているあいだだけ生存するものであり、こういう人間を他人の願望がこの世から消し去ってしまうことも決して不可能ではない」と思った》

Flはフリース、Pはヨセフ・パネトである。

フロイトはブリュッケの研究室でパネトと同僚であったとき、昇進をめぐってパネトを邪魔だと思う気持があったことを述べている。フロイトはパネトに友情と敵意の両価感情を体験していた。そしてこの夢の中で、かつてまずしかったフロイトに多額の金銭を贈ってくれたパネトをにらみ殺し、そもそも生きていなかった（Non vixit）存在にしてしまったのである。フロイトはパネト（とソフィー）からの贈り物に感謝しつつも負債意識をもち、なんとかしてそれを返済したいと思っていたのであろう。そしてパネトの死によってもはや返済が不可能になったとき、そもそもそんな贈り物はなかったことに、贈り主であるパネトも存在しなかったことにしてしまいたかったのであろう。大きな贈り物は受け取り手に負債意識を生じさせ、やがては贈り主への敵意を生むものであるらしい。

✣ヨセフという名の男

ヨセフという男は聖書の中にも登場する。聖書の中のヨセフは族長ヤコブの二番目の妻の息子であり夢判断によりエジプトの首相の地位にのぼり、ファラオから国の統治をまかされた人物である。フロイトの父親もヤコブといい、フロイトはその二番目の妻の息子であり、夢を解釈する人物である。フロイトはヨセフのようになりたい、ヨセフを追放してその位置に坐り、自分がヨセフになりたいというファンタジー（無意識的願望）を抱いていたと思われる。『夢判断』の扉には「天上の神々を動かしえざりせば冥界を動かさむ」という題辞がかかげられている。フロイトは夢を解釈することによって無意識界の統括者たらんとしたのであろう。

❖シェイクスピアをめぐる本の贈り物

フロイトは後年被分析者や弟子や患者から多くの贈り物を贈られている。フロイトの受け取った贈り物には書物が多い。

フロイトの分析を受けたスマイリー・ブラントン(17)はシェイクスピア問題についての書物を何冊もフロイトに贈っている。フロイトはシェイクスピアが本当のところ何者なのかということにたいへん興味を抱いていて、シェイクスピアが実は第十七代オックスフォード伯エドワード・ド・ベールだという説に与していた。弟子のルース・マック・ブランズウィックもフロイトと同じようにシェイクスピア＝オックスフォード伯説に賛同していて、それについての本をフロイトに贈っている。

ピーター・ゲイ(18)によると、アーネスト・ジョーンズはオックスフォード伯説に関して当初よりフロイトと意見が合わなかった。彼にはフロイトのこの気まぐれが理解できず、これをフロイトの書いた別の二人の人物評に結びつけた。レオナルド・ダ・ヴィンチとモーゼについての論文である。ジョーンズは「彼ら二人の身許確認の問題が生じる度に、フロイトの命名した『ファミリー・ロマンス』というテーマが明らかにいろいろな形を借りて現れてくるのは偶然ではありえない」と言い、さらに「フロイトの精神の中の何者かが、彼をして、見かけとは違う人間に対する特別な興味を感じさせたのではないか」と言っている。つまり、フロイトがシェイクスピアは実はシェイクスピアではないという説を奉じたのは、「ファミリー・ロマンス幻想」に多少なりとも由来するものであって、貧乏な実父ヤコブの息子ではなく裕福な異母兄エマニュエルの息子であればよかったのだという彼の幼児期の願望が部分的に出てきたものだ、フロイトの頑固なまでのオックスフォード伯空想の中心部には「現実を少しは変えられないか」という願いがある、というのである。

ゲイはこのジョーンズの見解を紹介し、これがジョーンズの独創的な見解であり傾聴に値するとしつつも、フロイトがシェイクスピアの正体に関心をもったのは人生も後半になってからで、ファミリー・ロマンスが花咲いた季節ではなかったと指摘している。

しかしはたしてそうであろうか。

フロイトはマルタと婚約中に「ファミリー・ロマンス」なるものを構想していた。ディケンズに『リトル・ドリット』という小説があり、その第一巻は「貧困」、第二巻は「富」と題されているのだが、フロイトはその小説にちなんで自分たちのファミリー・ロマンスを構想していたのである。パネトから預金通帳を贈られたとき、フロイトはマルタにそれを知らせる手紙[19]の中で「僕たちの興味津々たるファミリー・ロマンスの第二巻に足を踏み入れたように思われるのだ」と言っている。そしてこのフロイト自身のファミリー・ロマンスはその後もさまざまに展開してゆく。

フロイトはのちに、子供の成長に伴って両親像が変化することを見出し、その発達段階に応じて形成される物語をファミリー・ロマンスと呼びいくつかの類型を提示している。[20] (1)もらい子空想、継子空想、(2)血統空想——本当の父母は現実の父母とは違ってもっと高貴な人物であるという空想、(3)母親が現実の父親以外の別の男性と結ばれて自分を産んだという空想、などである。このような空想はエディプス・コンプレックスと密接に関係があり、子どもはこれらの空想により、かつて幼ない時代に理想化していた父母像を再生させようとしたり、エディプス・コンプレックスによって憎しみの対象となった父母を脱価値化し否定したいという衝動を満たそうとする。また自分を誇大視したい願望や、近親姦に対する防壁をはりめぐらす試み、同胞葛藤の表現も含まれるとされる。

幼ないころに願望し満たされなかった思いが後年おとなになってからもさまざまに変形した形で(ときにはそのままの形で)生きのびるということは、人間にときに認められることである。フロイトがシェイクスピアの正体に関する書物の贈り物を喜んで受け取ったことの背後には、幼ないころのあるいは若いころの空想が関与していても何の不思議もないのである。

フロイトはシェイクスピアに関するものばかりではなく、しばしば書物の贈り物を受け取っている。

たとえば『精神分析入門』[21]の中で、ある患者から贈り物として受け取ってはいないまでも本を借りたことを述べている。「彼（患者）は豊富な英語の蔵書をもっていて、いつもよくその中から本を貸してくれましたので、それまであまり読んだことのなかったベネットやゴールズワージといった作家を知ることができたのはひとえに彼のおかげでした」。また七十歳の誕生日には親しい仲間からアナトール・フランスの全集を贈られている。フロイトは書物の贈り物に対しては抵抗を感じたり複雑な気持をもったりすることなく、喜んで受け取っているようである。書物に現れている知識そして真実こそフロイトにとってはもっとも心を満たされる贈り物であったのだろう。

❖メダルの贈り物――若き日の願望の実現

フロイトの若き日の願望のいくつかは後年弟子や信奉者からの贈り物として実現している。

一九〇六年、彼の五十歳の誕生日に、ウィーン在住の彼を信奉している人びとが彼に大きなメダルを贈った。表面にフロイトの横顔が彫られ、裏面にはエディプスがスフィンクスの謎に答えているギリシャ模様が彫ってあった。そのまわりにはソフォクレスの『エディプス王』からの一行「名高き謎を言い当てし者にして、いとも強き者」が書かれていた[22]。

フロイトがこのメダルを贈呈されたとき妙なことが起こった。フロイトはこの一行を読むと顔色が青ざめ興奮して、苦しそうな声で、誰がこれを思いついたのかとたずねた。まるで幽霊にでも出会ったような態度であったが、また実際そうなのであった。というのは、フロイトはウィーン大学の若い学生であったころ、その大学にいた有名な教授たちの胸像のある広い中庭をぶらぶら歩いたものであった。彼は当時いつかは自分の胸像がそこに見られることを夢見たばかりでなく——それだけなら野心的な学生にとってとりたてて言うほどのことではないが——、不思議にも実際このメダルに彫られたのと同じ言葉がその像にきざみこまれることを夢見ていたのであった。フロイトはメダルを見たとき、ある神秘的な体験をしたのであろう。

フロイトはテレパシーに関心をもっていて、その存在を肯定し、それは多くの場合、そのテレパシー体験の中にその人物の無意識的願望の充足が生じているのだとしている。本人に神秘的体験が起こるのは、自分の無意識的な願望をその相手の直観＝読み取りを通して充足してもらうときなのだという。この場合のフロイトの願望は必ずしも無意識的願望ではない。しかしおそらくは心に深く秘めて誰にも語ったことのない願望であったであろう。彼は心の奥でひそかにその願望を暖めていたではあろうが、決して外にもらすことはなかった。それが突然他者によってあらわにされるのは無気味な体験であろう。フロイトは「無気味なもの」(23)という論文の中で、ひそかに馴れ親しんでいた（heimisch heimlich）ものがあらわになると無気味さ（Das Unheimlich）が体験されるとしているが、フロイトがメダルを受け取ったときの体験もまさしくこういうものであったろう。フロイトが内に切望していた、ひそかなしかし馴染み深い願望があたかも読みとられたかのごとく信奉者たちによって実現されたのである。

✣胸像の贈り物

ジョーンズはフロイトからメダルを見せてもらったとき上述の話を聞いて、のちにフロイトの若き日の願望をかなえてやったという。ジョーンズはウィーン大学の中庭に立てるフロイトの胸像を寄贈した。それにはソフォクレスのその一行が彫りこまれていた。その胸像は一九二一年に作られたが、除幕されたのはフロイトの死後の一九五五年になってからであった。ジョーンズはこのことを記したあと、「このことは、そのような青春の白中夢が、たとえ八十年の歳月を要したとはいえ、あらゆる詳細に至るまで実現したきわめて稀な例である」とつけ加えている。(24)

✣秘密の「委員会」——指輪の贈り物

精神分析がしだいに広がりつつあったとき、有力な三人の仲間が相ついでフロイトのもとを去るということが起こった。アルフレート・アドラー、ヴィルヘルム・シュテーケル、カール・グスタフ・ユングの離脱である。この離脱はフロイト自身にとってはもとより、ようやく発展しつつあった精神分析にとっても大きな痛手であった。(25)ジョーンズはこの三人の離脱にがっかりし、また将来もさらに離脱が起こりそうなのを予測して、信頼できる分析者が小さなグループを作り、フロイトを守る一種の「親衛隊」を作ろうと提案した。これはフロイトと精神分析を守り結束を固めるためのものであるが、ジョーンズは心の中にそれに先立つ歴史をもっていた。「それは子どものころにきいたシャルルマーニュ大帝の十二勇士の物語や文学に出てくる多くの秘密結社などである」。フロイト自身もこの話に夢中になり、ジョーンズへの返事の中でこう書いている。「この考えには子どもじみた、そしておそらくはロマンチックな要素もあることはわかっていますけれども、それは現実の必要に適応するように修正することができるでしょう。私は大いに空想を楽しみ、検閲官の役目はあなたに任せます」。委員会のメンバーはフェレンツィ、アブラハム、ジョーンズ、ランク、ザックスの五人ときまり（のちにアイティンゴンが加わった）、一九一三年の夏に委員会の集まりがもたれた。フロイトはこの出来事の記念の祝いに彼の収集品の中から古代ギリシャの沈み彫りの宝石を一人ひとりに贈り、ジョーンズらはその後それを金の指輪にはめこんで各人がもつことにした。フロイトはずっと前からそういう指輪をもっていて、それはジュピターの顔のついたグレコ・ローマンの沈み彫り宝石であったという。

この指輪はフロイトから「委員会」のメンバーへの贈り物であるが、「委員会」の設立そのものが弟子たちからのフロイトへの贈り物である。離脱者が相ついだあと、フロイトと選ばれた弟子たちは結束を固めるべく贈り物を取り交わしたのである。贈り物が贈る側と贈られる側の両者を拘束し、かつ秘密の境界を作るのである。小此木啓吾(26)は「彼らは以後精神分析を守る――秘密の境界の内側にとどまる――という使命と、自分自身の独自の理論を作る――秘密の境界の外に出る――という二極に引きさかれることになった」と指摘している。

ている。

❖「夢の秘密が現れた」──大理石板の贈り物

フロイトの若き日の願望がのちに贈り物によって実現したもう一つの例をあげておこう。

フロイトは『夢判断』が出版されてからおよそ半年後に、フリースにあてた手紙の中で[27]、こう言っている。

一八九五年七月二四日、この場所にて
ジークムント・フロイト博士に
夢の秘密が現れた。

こう記された大理石板がいつかこの家に掲げられることを君は本気で信じるだろうか？

一八九五年七月二四日とはフロイトの『夢判断』の中でもっとも重要な夢と思われる「イルマの夢」が見られた日である。この日フロイトとその家族はベルヴュー館に滞在していて、二日後には妻マルタの誕生パーティがひらかれることになっていた。「イルマの夢」についてここで詳述はできないが、その夢のなかではフロイトの性的欲望があらわになっている。

このフロイトの悲願は一九七七年に実現している。一九七七年五月六日、フロイトの死後三八回目の誕生日に、八一歳となった娘アンナの立会いのもと、フロイトの筆跡がそのまま刻まれた記念碑の除幕式がとり行われた。佐々木承玄[28]はこの地を訪れて写真をとり、「今はなにもない草地の端のほうに、その記念碑がひっそりと佇んでいる」と結んでいる。

願望は実現する。これこそフロイトの精神分析の根本的命題であろう。フロイト自身自らの若き日の願望を、贈り物を受け取ることによって、また贈ることによって実現させているのである。

フロイトはしかしこと金銭となると、老年になっても両価的な気持をもっていた。

七五歳の誕生日のお祝いの話がもち上り、フロイトは不承不承ながらその機会に出版所の経済的逼迫を救うために基金を集めることに同意した。しかしすぐに弟子のアイティンゴンに、分析家や患者に寄付を頼まぬように指示した。そう書いたあとで、そういう募金をするのにそれ以外の誰に頼むことができようかというわかりきったことにもっと早く気づくべきであったと思い、そもそもそういう案に同意したことを後悔した。そして贈り物に対する自分の態度を次のように述べている。

「贈り物を受けとりながら、それを授けられる場に出ることを断ることは、明らかによくないことです。それはたとえば『あなたは私に何かもってきてくれましたね。そこへ置いておいて下さい。いずれちゃんと片付けます』というようなものです。贈り物をする人の好意に結びついている攻撃性はその満足を要求するのです。受け取る人は、どうしても、興奮し、やっかいなものに思い、当惑せねばならないのです(29)」。

❖オオカミ男

フロイトが患者からもらった贈り物の中でよく知られているのは、彼の治療を受けた患者オオカミ男から贈られたエジプト女王像である。オオカミ男とはフロイトの論文「ある幼児神経症の病歴より[30]」で語られている強迫神経症の患者で、患者がオオカミ男と呼ばれるのは、クルミの木の上に数匹のオオカミがいるという患者の夢の分析が治療の中心となっていることによる。そのオオカミ男がフロイトによる治療の終ったあとに書いた「わがフロイトの思い出[31]」という手記によると、フロイトは治療の終結にあたっての患者からの贈り物は、一つの象徴的な行為として、患者の感謝の念と医師への依存とを軽減するので、患者が治療者にあまりに密接なつながりをもち転移にしがみつくという危険を防ぐと考えていたという。オオカミ男はこれに同意して、フロイトが考古学に関心のあることを知ってエジプト女性像を贈ったとある。オオカミ男がフロイトの治療を終えてから六十年後、最晩年の彼をインタビューした女性ジャーナリストのカレン・オブホルツァー[32]は、「するとフロイトはあなたが感謝して当然と考えていたのか？」と質問し、オオカミ男が「そうだ」と答えると、オオカミ男が何を贈ったかとたずねている。オオカミ男が「王女です、エジプトの彫刻で、かなり背の高い」と答えると、「それは古代のエジプト像ですか？」と確認し、「それはたいへんな金額だったでしょう」と言っている。オオカミ男は「多分、当時の私の状況を考えれば（筆者注：オオカミ男はロシアの貴族であった）、別に問題ではなかった。それはすばらしい作品、古い時代のものだった」と言っている。そしてフロイトがこう言ったという。

「エジプト人たちは新しい神々を受け入れても、前の神々を捨てなかったそうです。前の神々を新しい神々と取り換えるのではなく、前の神々はそのままにして新しい神々を追加したのです。フロイトがいうには、私の精神も似たようなものらしい、あるいは似たようなものだったらしいです。新しい認識を受け入れることができるが、古いつながりを捨てることもできない……。」「それで事態が複雑になったことは明らかです。古いものと新しいものの闘いになったのですから。対象カテクシスという表現を御存知でしょう。私は新しい対象を手に入れても、古いものを手放せないので、それによって混乱が生じてしまうのですよ」。

たしかにオオカミ男は八十歳を超えてこのインタビューを受けた当時もなお女性関係に悩んでいるが、そこには最初の恋人テレーゼの影が色濃くにじんでいる。また贈り物を贈ったにもかかわらずフロイトとのつながりを断ち切れず、生涯にわたって分析家たちから援助を受け、「フロイトのもっとも有名な症例」というアイデンティティをもって生き続けた。贈り物が「患者が治療者にあまりに密接なつながりをもち転移にしがみつく危険を防ぐ」というフロイトの考えは、オオカミ男に関しては間違っていたと言わざるをえない。贈り物はむしろ分離を否認し結びつきを強化するのである。

ここで話が前後するが、オオカミ男の夢についてふれておきたい。この夢自体が贈り物に関係があるからである。夢はこんなふうである。

「夜、私はベッドに寝ていました。私のベッドは足の方が窓に向いており、その窓のところには古いクルミの木がずらりと並んでいました。その夢は冬のこと、たしか冬の晩のことだったと思います。急に窓がひとりでに開きました。窓のむこうの大きなクルミの木に幾匹かの白いオオカミが坐っているのをみて、私はびっくりしました。オオカミは六匹か七匹いました。彼らはまっ白で、どちらかといえばキツネみたいに大きなしっぽをもち、その耳は何かを狙うみたいにぴんと立っていたからです。このオオカミたちに食べられるのではないかという非常な不安に襲われて、私は大声をあげ、泣き出し、目が醒めました」(33)。

この夢をめぐってオオカミ男は幼ない頃読んだ「オオカミと七匹の子ヤギ」の話を思い出した。この童話の中には「七」という数も「六」という数もでてくる。なぜならオオカミは六匹の子ヤギを食べるが、七匹目は大きな時計の箱の中に隠れて助かるからである。帰ってきた母ヤギが眠っているオオカミのおなかを切りさいて、食べられていた子ヤギたちをおなかから助けだし、かわりに重い石を入れる。

オオカミ男の父親は息子が幼ないころ「おまえを食べちゃうよ」と言ってたわむれたという。また祖父は二言目には「おまえのおなかを引き裂いちゃうぞ」と言って脅すので、子どもたちはこの祖父になつかなかったといったことが思い出された。そしてこの溺愛的な父に愛されたいという気持が幼ないころのオオカミ男には濃厚だった。

オオカミ男はフロイトの分析を受けている途上で、古本屋をあさって、自分が子ども時代に読んだ童話の本に再び出会った。そして「オオカミと七匹の子ヤギ」の物語の挿絵の中に恐ろしい絵を見つけだした。オオカミ男はこの絵の中のオオカミの姿勢から、幼ないときに自分が目撃した父親と母親の後背位の性交の場面を連想したのである。

この夢をオオカミ男が見たのはちょうどオオカミ男の誕生日とクリスマスの重なる夜だった。オオカミ男はクリスマスツリーに下げられるプレゼントを楽しみにしつつ寝たのだが、その夜見たのがこの夢だった。クリスマスツリーの上にプレゼントではなくオオカミが座っていたのだ。この夢は父からクリスマスの贈り物をもらいたい、つまり父に愛されたいという気持と、オオカミに食べられる＝父親にのみ込まれる＝女性的役割をとらされるという不安が重なり合ったものなのである。

オオカミ男はいったん治療を終了しロシアに帰るが、ロシア革命で財産を没収されてしまう。そのオオカミ男にフロイトは無料で分析の再開を勧め、あるとき分析にやってきたオオカミ男が空腹と知ると彼に食事を与えている。さらに治療終了後もフロイトは貧困に苦しむオオカミ男に金銭的援助を行っている。こうしたフロイトの行為がオオカミ男をしてますます転移にしがみつくようにさせてしまったとも考えられる。

❖「暖かい献身的な人間になる」

フロイトはオオカミ男に対してだけでなく、何人かの被分析者に書物を贈ったり、金銭的援助を行っている。

晩年のフロイトから教育分析を受けたブラントン[34]によると、分析期間中にブラントンがフロイトの論文集を買うために貯金をしていることを話したところ、翌日フロイトは「私の著書を差し上げましょう」と四巻からなる論文集を手渡してくれたという。このあとブラントンは一連のかなりこみ入った夢を見たが、そこから何一つ摑み取ることができなかった。これについてフロイトは「この数日間あなたの夢はだんだんとあいまいなものになって来ています。これが意味するものはたったひとつです。つまり転移感情に変化が起こったということです。たぶんそれは、私が論文集をプレゼントしたせいだと思います。このことから、贈り物が分析中にどんな困難をひき起こすものであるか、お分かりになったでしょう」と述べている。

これは贈り物の及ぼす大きな影響について被分析者のブラントンに体験的教育を与えようとしたものではあろうが、なんといっても若き学徒ブラントンへの好意の表現であることは間違いない。

フロイトはこのほかにも弟子に患者を紹介したり金銭的援助を行ったりしている。フロイトは若き日に何人かから受けた多くの恩義を今度は自分が「暖かい献身的な人間になる」ことで返そうとしたのであろう。

✣H・Dからの贈り物

最後にフロイトが最晩年に受けとったもっとも感動的な美しい贈り物について述べておきたい。この贈り物についてはH・Dの美しい著書『フロイトにささぐ[35]』にある。

アメリカの女流詩人H・D（ヒルダ・ドゥリトル）は四七歳で詩作と人生にゆきづまってフロイトの分析を受けにウィーンに渡った。当時フロイトはすでに七七歳であった。その七七歳の誕生日に、分析を受けにいったH・Dはフロイトに何ももっていかなかった。フロイトがクチナシの花が好きだということを知ってウィーンの花屋を探したが、クチナシは見つからなかった。「すみません。欲しいものが見つからず何も持ってきませんでした。とにかく、少し違うものを差し上げたかったのです」と彼女はフロイトに言った。

それから数年後、一九三八年の秋、ナチスの迫害を逃れてロンドンに亡命したフロイトに彼女はクチナシの花を贈った。「神々《ゴッズ》の帰還を迎えて」とカードに走り書きして。クチナシはフロイトに届き、H・Dは返事をもらっている。

H・D様

今日花が届きました。偶然か故意か、私が大好きで最も賞賛している花です。「神々の帰還を迎えて」との語あり（神々《ゴッズ》ではなく良い品《グーズ》と読んだ者あり）、無名。この贈り物の主はあなたではないかと思う。この推測が正しければ返事は不要。ただ実に魅惑的なジェスチュアに対して心から感謝します。

いつも愛情をこめて　ジークムント・フロイト

亡命して異国に着いたばかりのフロイトにとって、この贈り物がどれほど大きな慰めになったかは想像に難くない。

フロイトが亡命するほんの少しまえ、ナチスがウィーンに侵入し、ユダヤ人フロイトにとってきわめて緊迫した状況にあったとき、H・Dはベルクガッセ十九番地のフロイトの家へいつものように分析を受けに行った。

メイドのポーラがドアのすき間からのぞいてためらい、それからこそこそと私を中へ入れてくれた。明らかに、私が来るとは思っていなかったのだ。でも「今日はどなたも来ませんし、外出した者もありません」そうなの、教授に説明してくださる？　私に会いたくないと御言るかもね。彼女は待合室のドアを開けた。（中略）教授がちょっと間をおいて奥のドアを開けた。それから私は寝椅子に腰をおろした。「でもなぜ来たの？　今日は誰もここへは来ていない。誰も。外はどんな様子かね？　なぜ外出したの？（中略）」

彼は私のどんな言葉を期待したのか？　私はそれを口にしたとは思わない。私がそこに来ていることで十分言い尽くしているではないか？　他に誰も来なかったから私はここに来ているのです。（中略）教授が何を考えているのか私は知らなかった。「私は老人だ——私を愛するなんて価値のないことだと思っているんだね」（筆者注：フロイトは分析の初期にH・Dにこう言った）と思っているはずはなかった。あるいは彼がそう言ったことを覚えているとすれば、これはたしかにその答であった(36)。

ナチス占領下のウィーンでユダヤ人フロイトを訪れることは生命の危険を冒すことであった。この訪問は文字通り命の贈り物であった。

これよりすこしあとにH・Dはこう書いている。

私は砂時計を持っていて、彼の寿命の砂が今のように遡るのでなく同じ年数だけ前進するように逆に置けたら置いたことだろう。あるいはできることなら私は秘密のドアをとび抜けて——私だけがそうする資格があるだろうし——心やさしい神に懇願したことであろう（私のほかにできる者はないだろう。私の贈り物は何か違ったものでなければならないのだから）。私は自分の年齢を彼のと取り換えよう。私が彼のために望みうるほどの十分な年月ではないにしても、重要な違いとなろう。私の砂時計には二十年か三十年分さえ残っていよう。私はこの心やさしい神に向かって言うだろう。「あのぅ、そこの棚の二つのことですが、あの砂時計をちょっとだけ変えていただきたいのです。H・Dの方をジークムント・フロイトと場所を変えて下さい（たいして重要でもない私の私事を片づけるのに二、三年はまだ残してほしいのですが）。これは御無理なお願いでもないでしょう。それにやればできることですね。昔ある劇でそうしたかそうしようと申し出た人がいます。ギリシャ劇でしたね。ある女性が——その名は覚えていませんが——何かの理由で他の人と自分の寿命の交換を申し出ました。それは何でしたか。ヘラクレスは死神と闘っていたのでした。その劇は『アルケスティス』だったでしょうか。[37]」

ギリシャ文学に通暁する詩人H・Dがこの物語を覚えていないはずはない。アルケスティスは夫アドメトスが運命の三女神から死を宣告されたときその身代りとなった、文字通り献身的な妻である。これはギリシャ神話の中ではめずらしい、権謀術数とは無縁の、愛による命の贈り物の物語である。

❖平　安

フロイトは六十代半ばにして上顎癌にかかりその後三十数回の手術を受けている。その苦痛に耐えながら日々分析をし、かつ膨大な著作をした。フロイトは鎮痛剤をのむことをきらい、「はっきり考えられぬくらいならば、苦痛の中で考えた方がましだ」とシュテファン・ツヴァイクに語っていた。一九三九年八月病状は急速に悪化し衰弱はその極に達した。九月二一日フロイトは主治医のシュールに言った。「シュール君、我々がはじめて話したときのことをおぼえているだろう。あの時、君は私に、もはや耐えられぬ時が来れば助けてくれるといったね。今はもう苦しみばかりで、もはや何の感覚もないのだ」。

次の朝シュールは三度目の微量のモルヒネをフロイトに与えた。フロイトはほっとしたような溜息をつき、安らかな眠りに入った。そして次の日、一九三九年九月二三日、真夜中になる直前に死んだ。[38]

フロイトは自ら選びとったシュールからの最後の贈り物によって、その願いどおりに平安をかち得たのである。

4　贈り物と願望

フロイトが受け取ったさまざまな贈り物についてみてきた。ブロイエルからのアンナ・Oという症例の贈り物はフロイトを無意識の探究に向かわせ精神分析を創始させた。ブロイエルからの、パネトとソフィーからの、そのほか何人かの人たちからの金銭の贈り物は、フロイトの抱いていたファミリー・ロマンスを実現させた。またフロイトが弟子や被分析者から受け取った贈り物――書物やメダルや指輪や胸像や石碑――はいずれもフロイトの願望にかかわるものであり、願望を実現させるものであった。フロイトは自らの願望を贈り物を受け取ることによって実現したといってよい。そしてそのことにおそらくはある恐れを抱いたであろう。フロイトは貧しいユダヤ人の家に生まれたという自己の運命に抗して、現実をいくばくなりとも変えたいという願望を抱いていた。フロイトは生涯その願望を実現するために努力し、精神分析という壮大な学問を創始した。そして精神分析は人間の（無意識的）願望の力がいかに大きなものであるかを示している。フロイトの生涯そのものが、またそのなかで彼の受け取った贈り物の数々が、願望のもつ巨大な力を証明している。

ギリシャ人の贈り物が、人間は所詮神々の定めた運命から逃れられないことを示していたのに対し、フロイトは人間の願望が運命を変えうることを、あるいは少なくとも、人間は運命に服従するのではなく運命を自ら選び取ることができることを、贈り物を受け取り贈ることによって示そうとしたかのごとくである。

第III章　患者からの贈り物

1　医師・患者関係と贈り物

筆者は一臨床医として患者から贈り物を贈られることがあり、その意味をどう考えるべきか、また受けとってよいものかどうか、以前から関心をもち考えてきて、かつてそれについて論じたこと[1]がある。この章はその論考に基き、そこから出発したものである。

❖御礼か料金か

患者やその家族が医師に贈り物をすることはわが国では歴史的、文化的慣習として広く行われてきた。その理由はいくつか考えられるが、一つには、もともと医療を施すということが収入を得るためではなく、あるいは少なくともそれが第一の目的ではなく、病める人を救おうという気持に発した行為であり、恩恵を受ける方もそれに対して定まった料金を支払うというより、何か別の形で御礼をすることが普通であった、ということによるであろう。貧しい人々からは金を取らずに医療を施す「医は仁術」的な医師が理想とされていたという事情もあろう。

古代中国の名医董奉は患者を治療しても謝礼を受けとらなかった。彼に感謝した人たちは杏《あんず》の実を贈り、やがてその種から芽が出て杏の林ができたという。医学のことを杏林《きょうりん》の道というのはこれに由来する。杏林という言葉は現代も医科大学や製薬会社の名称として使われている。

もちろん医療が慈善行為としてなされるのでない限り、医師が何らかの見返りを求めるのは当然であるが、上述のような文化の中で料金と御礼が未分化な状況では、それを表立って請求しにくかったであろう。

医師の薬代　高峯の桜　取りにゆかれず　さきしだい

という古い都々逸がある。「さきしだい」というのは「先方しだい、先様の気持しだい」と「咲きしだい」が懸けてある。料金を請求しにくい医師の側の微妙な事情がうかがわれる。「医師の薬代」とあるところにも考えるべきことがある。「薬代」であって「技術料」ではないのである。ここには医師の技術というものが評価しにくいということが表れているが、それに加えて、技術というものは無償で提供されるべきであり、請求しうるのは薬代というういわば実費だけである、という思想が潜んでいるかもしれない。

一方、医療を受ける患者は不安になっている。医師に贈り物をしておかないと適切な医療を受けられないのではないかという不安から、あるいは贈り物によって特別扱いを受けたいという願いから医師に贈り物をする人もいるであろう。他の人たちが贈り物をしているのではないかという推測から、あるいはそういう噂を聞いて、自分も贈り物をしなければ不利な扱いを受けるのではと思う人もいるであろう。こういう、患者が不安に基いて贈り物をしなければと思うような事態は好ましいものではない。こういう慣習は批判されるべきであろう。このごろ病院に「職員に対するお心づけは固くお断りする」などという張り紙を見ることがある。これはこのごろの批判に応えて病院が姿勢を正すという意味であろう。患者からの贈り物をある種の賄賂と見てそれを謝絶する、正当な料金以外には受け取らないという姿勢であろう。また近年患者の権利意識が高まり、患者は医療という施しを受ける存在ではなくユーザーであると考えられるようになって、医療が商品視されるようになると、買手である患者が売手である医療者に贈り物をするなどということは考えられなくなりつつある。デパートで買物をして店員に贈り物をする人はいないのである。

しかしわが国にはさまざまな時や場合に贈り物を贈るという習慣が定着している。他家を訪問するには手みやげを携えていくのが常識とされているし、世話になった人たちに中元、歳暮を贈ることは慣習となっている。医師に贈り物を贈る患者の中には、医師に世話になっていると感じている人もいるであろう。そういう患者たちは医療を商品と見なすのではなく、そこに医師の善意や尽力を感じ取っているのであろう。

❖医療経済と贈り物

現在わが国では医療のほとんどが保険診療のもとで行われている。薬、検査、手術などの一つひとつにすべて点数がつけられ、それに基いて医療費が病院に支払われている。保険診療においては、患者が病院の窓口で支払うのは医療費のごく一部にすぎない。もちろん毎月の保険料は支払っているのだが、多くの場合給与から天引きされているので、直接懐を痛めて支払うという実感が乏しくなる。また直接病院の窓口で支払う金額は、医療費のごく一部であるから、しばしば少額である。

とくに精神療法の保険診療上の評価はかなり低い。現在保険診療での「標準型精神分析療法」の点数は三九〇点であり、「精神科カウンセリング」は診療所の場合は三七〇点である。一点十円であるから、それぞれ三九〇〇円と三七〇〇円となる。「標準型精神分析療法」にあたると思われる精神分析的精神療法とは、精神分析の高度な専門的訓練を受けた専門家が一回五十分程度かけて行う精神療法である。面接後に行う記録の整理を含めればゆうに一時間を越える仕事になる。かりに少な目に見積って一時間としても、専門家の一時間の仕事の代価が三九〇〇円ということになる。筆者は何年かの訓練を経て、ある学会の「精神療法医」および「スーパーバイザー」として認定されており、いちおう精神療法の専門家といってよいであろう。その筆者が一時間働いて得る収入（病院に入る収入）が三九〇〇円ということである。病院に勤務していたころの筆者の年収を時間給に換算すると、きちんと計算したわけではないが、いくらなんでも時給三九〇〇円ということはないであろう。それよりはかなり高いはずである。つまり筆者が一時間働いて精神療法を行うと、病院に入る収入は三九〇〇円、病院が筆者に支払う給与はそれよりかなり高いということになる。おまけに筆者が働けば部屋は使うし冷暖房もつける、さらには医療費請求にかかわる事務職員にも給与を払わなければならないから、病院はかなりの損失をこうむることになる。現行の保険医療制度のもとで病院（クリニック）勤務医が精神療法を行うということは、実はこういうことなのである。つまり一回五十分の精神療法を行うということは、病院経営という立場から見れば、無償の行為どころか持出しになる。医師としても病院に気兼ねをしつつ、患者のために（同時に自分の学問的関心と修練のためでもあるが）働いているということになる。つまり特別にみていることになる。

患者の方も、かなりの時間の面接を受けることに対して、治療者が善意や親切で特別にみてくれていると思っている場合もある。そしてそれは、上に説明したような事情を考慮すれば必ずしも誤解ではない。そういうわけで患者は治療者に贈り物を贈りたいと思い、治療者もそれを受け取ることにそれほど抵抗を感じないということがあるかもしれない。

筆者は病院勤務をしていたころ、「お心づけはお断りする」という病院の方針に従って、患者からの贈り物はいっさい謝絶するようにしていた時期があった。時期があった、と書いたのはある時期から方針を変更し、常識の範囲で判断して特別に高価なものでない限りよろこんで受け取ることにしたからである。というのは、贈り物を謝絶することで患者との関係が安定するということは少なく、むしろ患者を傷つけ関係を不安定にする場合が多いと感じたからである。患者が医師（とりわけ精神療法家）に贈り物を贈るのは、一つには歴史的、文化的慣習であり、また医師の善意や尽力に対する謝意であり、さらには贈り物を通して自分の気持（感謝、愛）、人格が医師に伝わることを望むからである。それを断ることは、医師が患者とは歴史と文化を共有しないと告げることであり、自分の行為は善意に基くものではなく単なる業務であり商品の提供だと告げることであり、患者の気持や人格は受け取らないと告げることである。患者が傷つくのも無理はない。こう思うようになったからである。

もちろん一方で、患者の不安につけ込んで賄賂を受け取っているのではないかという気持が消失したわけではない。贈り物を受け取るにも葛藤があるのである。

ただし昨今では多少事情が違ってきた面もある。精神（心理）療法家が個人開業し、保険制度の枠外で私費診療あるいは面接をして一定の面接料を取ることが増えてきている。額はその治療者の経験や資格、また開業している地域によりさまざまであるが、大体一回五〇〇〇円から三万円程度である。筆者も少数ではあるがそういう面接もしている。毎回料金を直接受け取っている患者から贈り物を贈られることは少ないようである。贈り物をするかしないかは、料金を間接的に支払うか直接治療者に手渡すか、その額が少ないか多いかによるところが大きいのかもしれない。

2　精神療法の中の贈り物

❖贈り物の意味

ここでは慣習的儀礼的贈り物とは一応区別して（なかなか区別し難いのであるが）、精神療法過程での患者の感情を反映した、治療者へのコミュニケーションとしての贈り物について、精神療法家たちがどのように語っているかを見てゆきたい。

第Ⅱ章で述べたようにフロイトは自身患者からあるいは被分析者から贈り物を受け取っていたし、ときには患者に贈り物をしてさえいた。またフロイト以後も精神分析のなかで贈り物が実際にはなされていると考えられるにもかかわらず、贈り物についての論文は数少ないようである。贈り物について興味深い論文を書いているバーステン(2)、スタイン(3)、クリッツバーグ(4)はこぞって贈り物についての文献の少なさを指摘し、その少なさは贈り物をめぐって隠された問題や抵抗があることを示唆していると述べている。たとえばクリッツバーグ(5)は「与え受け取ることをめぐる治療者自身の葛藤によって生じる逆転移感情が、進呈された贈り物についての客観的な吟味あるいは適切な取り扱いを妨げるかもしれない。贈り物を贈るという患者の行為が治療者に自己愛的な意味をもち、それがこの現象の効果的な分析と取り扱いを妨げているいま一つの要因となりうる」と指摘している。

わが国でも管見の限りでは欧米以上に文献が少ないようである。これはわが国では、先に述べたように、贈り物が歴史的文化的慣習としてごくありふれたことと考えられてきて、とりたてて論じる必要のないこととされてきたからかもしれない。もちろんわが国においても、実は、贈り物を受け取る治療者側のある種の感情、葛藤がそれについて論じることを避けさせていることも十分考えられる。

スタイン(6)は「治療の中の贈り物」という包括的な論文を書き、その冒頭に「贈り物を与え受け取ることは、つねに、人間の交わりの基本的かつ普遍的一形式であった」と述べ、それゆえ治療の中での贈り物についての文献の少なさは驚くべきことであるとしている。スタインはさらに英語の"gift"(贈り物)に相当する語の語源や派生語を探索している。それによると、英、独、スペイン、ラテン、ギリシャ、サンスクリット語では、「贈り物」ないし「贈る」という言葉ならびにそこから派生する言葉は、賄賂や義務や拘束を意味したり、性的な意味を担ったり、ときには毒を意味するなど両価的、多義的な言葉であるという。

日本語の「贈る」は「送る」に由来し、人の出立に際して別れ難くてついてゆくのが原義で、転じて心をこめて人に物を届ける意味であるという(7)。日本語の「贈る」には毒とか性的な意味は含まれていないようであるが、分離を否定し結びつきを求める意味があるようである。

シルバー(8)は一例をとりあげて贈り物のもつ意味と機能を検討し、「贈り物は治療者との空想的かかわり合いの実演を可能にした」と述べている。

クリッツバーグ(9)は「治療状況の中での贈り物は一般に無意識的に動機づけられた行為である」とし、「患者は自分が価値あると思う何らかの好ましい現実の経験を治療者にも共有してほしいという願望は意識している。しかし贈り物が、治療者に自分の現実世界の喜びを共有する現実の対象になってほしいという願望を表していることには通常まったく気づいていない」と述べている。

これらの著者は贈り物のもつ多くは無意識的な多重の意味について述べ、贈り物を患者の精神力動や治療者・患者関係、とくに転移と関連してとらえることの重要性を指摘している。

❖贈り物を受け取るべきか、受け取らざるべきか

贈り物に対する治療者の態度について、受け取るべきか受け取らざるべきかについてもさまざまな意見がある。

フロイトが患者から贈り物を受け取っていたこと、ときには分析家の方から患者に贈り物をすることがあると考えかつそれを実行していたらしいことはすでに述べた。繰り返しになるが、オオカミ男の「わがフロイトの思い出」[10]によると、フロイトは治療の終結にあたっての患者からの贈り物は、一つの象徴的な行為として、患者の感謝の念とその結果としての医師への依存とを軽減するのに役立つので、患者が治療者にあまりに密接なつながりをもち転移にしがみつくという危険を防ぐと考えていたという。オオカミ男はこのフロイトの意見に従ってエジプトの王女像を贈った。フロイト見解に従えば贈り物によって転移関係の解消が促されるはずであった。ところがオオカミ男はフロイトとの二度にわたる治療の後も相変わらず女性への依存性をもち続け、何人もの女性との間で憎しみをもちつつも離れられぬというマゾヒスティックな関係をもち、孤独を恐れて対象にしがみつき続けた。また

フロイトの「もっとも有名な症例」という、いわば患者アイデンティティから脱することができなかった。贈り物は贈り手と受け取り手のつながりをむしろ強化したように見える。

ローランド[11]は「衝動的に贈られた小さな贈り物は丁重に受け取られるべきである」と述べ、「しかしながら患者の行為はあたうる限り徹底的に分析されねばならない。そして贈り物は愛情の表現であったり、あるいは賄賂であったり、同時に両方であったりするけれども（中略）また、患者は自分が分析家への敵意と攻撃感情をも抱いていることに気づかせられねばならない。分析家が高価な贈り物を受け取ることをいかに巧みに合理化しようとも、それは彼自身の分析のなかで明確にされずうまく解決されなかった、与えることと取ることをめぐる深い無意識的問題のゆえである」と述べている。

グローバー[12]は多くの精神科医を対象に質問紙による調査を行い、「大多数の精神科医は贈り物を喜んで受け取ってはいない。贈り物の動機を贈り物を制限しようとする見地から分析しようとする傾向が顕著にみられる。贈り物の意味については興味深い意見の相違がある。ある分析家は贈り物は逆転移の徴候であると考えている。またある人は、贈り物をほとんどもらわないことは分析家の欠陥の徴候であると考えている」と述べている。

スタイン[13]は「贈り物を拒絶することの方がはるかに容易である。しかしわれわれはいつ、どのように贈り物を受け取るべきかを知らねばならない」と述べている。さらに贈り物と転移性恋愛についてふれて、「転移性恋愛は幼児期の生活に源を有するとはいえ、実に力強く真実のものである」と述べ、「幼児期の恋愛を反復しないような恋愛は存在しない」「われわれは分析治療中に表面にあらわれる恋愛に『真実な』愛の性格がないとする権利をもつものではない」というフロイトの言葉を引用し、ついで「贈り物に体現される愛は贈り手を越えて生命を保ち、彼の生の衝動を力強く肯定し、耐えねばならぬ人生に美の感覚をつけ加える」と語っている。

スタインのこの美しい論文からは、彼女が患者たちから心のこもった贈り物をたくさん受け取ったであろうことがうかがわれる。

贈り物についての論文を書いている著者たちは自身が贈り物を受け取った経験に基いて、贈り物のもつさまざまな意味を考察しているわけで、贈り物を受け取ることにどちらかというと肯定的である。

わが国の神田橋條治[14]は、精神分析的精神療法では贈り物は受け取らないでその行為を解釈するのが定石だと言われているが、それは間違った考え方であり、贈り物は必ず受け取らないといけないと言い、おおむね次のように述べている。

週五日行う精神分析であれば贈り物は受けとらずにその意味を患者に解釈して伝えればよい。ただし週一～二回あるいは隔週といった精神療法では、途中に長い切れ目があるので贈り物は受け取らなくてはいけない、贈り物には言葉にしにくいようなさまざまな思いが込められている。それを受け取らないと、治療者の方はその思いを究明してゆく意図で受け取らないつもりでも、患者側からすると思いそのものを受け取ってもらえないことになってしまう。毎日行う精神分析と違い、週一回程度の精神療法ではその間に治療者との長い分離の期間がある。患者はその間も関係がずっと持続していることを確認し、その関係を強化しようとして贈り物をする。その贈り物を拒否されると、関係の確認行為や関係の強化行動を拒絶されることになって、患者に辛い思いが起こってくる。これが贈り物を受け取らねばならない一つの理由である。

もう一つの理由として、贈り物にはさまざまな思いが込められている、アンビバレンスとか、治療者に対する敵意とか、敵意を隠したい気持とか。そういうさまざまな気持を一つの品物に統合したものが贈り物であるから、贈り物をするという行為には患者の統合機能の萌芽がある。これが第二の理由である。そして受け取った瞬間に、関係が強化されるから、強化されたらできるだけ早く、その贈り物の意味を解釈できるものならしておきたい。しかも関係がこわれないようにしたい。

神田橋のあげている第二の理由、贈り物のもつ統合機能に着目してそれを受け取るという指摘は重要と思われる。

どのような患者から贈られるかによって、受け取るべきか受け取らざるべきかを判断している人もいる。

ウィニコット(15)は「もし神経症者が私に贈り物をもってきたらどちらかというと私は断る。なぜなら、私はインフレをおこした代用通貨でその代償の支払いをしなければならなくなるからだ。しかしながら精神病者（そして私はここに、この患者には十分に経験されていない抑うつ的不安を本当に含めているつもりだった）の場合は、贈り物はすでに加えられた損傷と関係があるとみなしている。言葉を換えれば、私はいつも受け取ることにしている」と述べている。

ウィニコットに限らず、精神病者からの贈り物は受け取ることにしている治療者は多いと思う。筆者も多くの場合そうしている。彼らは言語的コミュニケーションが不十分にしかできず、モノを介してコミュニケーションする必要があると考えられる。

わが国の摂食障害の治療者としてよく知られている下坂幸三[16]は、「神経性食思不振症者からのケーキなどの贈り物はありがたくていねいにいただいておく。oral communication（口愛期的コミュニケーション）は大切にしておきたい」と述べている。

児童精神科医は大人の患者の治療者よりもずっと自由に患者と贈り物のやりとりをしているようである。レーウィスとウェルマー[17]は治療者の側からの子どもの患者への贈り物についての包括的な論文の中で「子どもへの贈り物は尊敬や好意といった感情を伝えるのにとくに有用である。いくつかの点で子どもは境界例や精神病の大人と似ている。彼らは他者の肯定的関心を知るためには具体的に与えられるという形を必要としている[18]」と述べている。

ウィニコットの妻クレアによると、小児科医としてのウィニコットは彼を訪れた子どもたちがそれをより意味深いものにするために、診療の終りに紙を何かの形に折って、さよならと言いながらそれを子どもに渡したという。クレアは「子どもがこのやりとりを拒否するのを見たことがない」とつけ加えている。ウィニコットはのちに移行対象という概念を提唱しているが、それが頭で考えただけのものではなく、子どもたちとのかかわりのなかから生まれてきたものであることがこのやりとりからよくわかる。

一方では、贈り物を受け取らない治療者もいる。こういう治療者は贈り物を受け取ることは治療者の逆転移、とりわけ自己愛的な満足に無自覚なゆえであると考えている。そして贈り物の動機をそれを制限しようという見地から分析しようとしている。マスターソン(19)は成人境界例の治療のスーパービジョンのなかで、治療者は患者からの贈り物を受け取るべきではなく、ただ「与えたい」という患者の願望を認めるだけにしなくてはならないという。治療者は患者に「わかります、あなたが善意のしるしとして贈り物をしたいのだということは。しかし私たちはただ行為するかわりに理解しなくてはなりません」と告げて、行動化を助長することなく、願望とそれが精神内界でもつ意味を認めるのだと述べている。

私はこれはなかなかむずかしいことだと思う。治療者と患者の間によほどの信頼関係がすでに成立していない限り、患者には拒絶と体験されて治療の進展が妨げられる場合があるように私には思える。以上のように、治療者が患者からの贈り物を受け取るかどうかをめぐってはさまざまな見解がある。いずれにせよ贈り物に対する態度を通して、治療者の治療観ひいては人格があらわになるもののようである。

3　贈り物による無意識的空想の実演

私自身も精神療法家として仕事をするなかで患者から贈り物を贈られたことがある。受け取ったこともあり、ときには謝絶したこともあるが、いずれの場合も贈り物を治療に役立てることのむずかしさを痛感している。贈り物に込められた患者の複雑で両価的な感情をどうとり上げるかは治療者にとってむずかしい課題である。またとくに精神病水準や境界水準の患者では贈り物を介して意識的、無意識的な空想が実演されるので、それを読みとり損ねると治療関係の破綻をきたす場合もある。次にいくつか私自身の経験したエピソードをとり上げて、贈り物の背後にどのような空想が存在するかを検討する。言うまでもないことだが患者の匿名性を保つことには十分配慮し、社会的背景その他の事実には省略と変更を加え、複数の症例から合成した部分もある。症例の名前はもちろん仮名である。

❖症例ハルコ

ハルコは初診時十七歳の女性である。「自分の目つきがおかしい。人をいやらしい目で見てしまう」といった主訴で来院した。当時まだ医者になって日が浅かった筆者が担当することになり数回面接したところで、目つきのことに悩む患者に関心をもち研究していたある先輩医師から担当医を交代してほしいと言われ、深くも考えず交代した。患者には「あなたのような患者さんをたくさんみている専門の先生にかわってもらいましょう」と告げた。ハルコは何も言わずにその先輩医師へとかわっていった。当時私は経験のある先輩医師と交代したことをむしろハルコのためによいことをしたと思い、ハルコがそのときどういう思いを抱いたかを考えなかった。そしてハルコのことはすっかり忘れてしまっていた。

それから十数年たったある日、別の病院に勤務していた私のところへ、ハルコが母親に付き添われて受診してきた。ハルコはすでに四十代であり、以前の面影はなくややややつれた感じで、私は思い出すのに時間がかかった。ほとんど何も語らぬハルコに代って母親が次のように語った。

ハルコは私から離れたあと、その先輩医師のところにしばらく通院していたが、面接場面ではあまり話さなかった。ハルコはその後しだいにまわりの人たちから疎外されていると感じるようになって通学できなくなり、自宅にとじこもりがちになった。そのうち周囲には理解し難いひとり言や空笑が生じ、話にまとまりがなくなって、ついに別の精神病院に入院した。数年間病院で過ごしたのち、ハルコのたっての希望で退院し以後自宅で生活しているが、ほとんど外出もせず、たまに気が向いたときにすこし家事を手伝うといった生活を続けている。ときどきよく聞きとれないひとり言を言っている。

私が今回受診に至ったいきさつを問うと、ハルコは、十数年前に受診した病院に電話して筆者の現在の勤務先を知り受診したという。なにゆえ転医してきたのかと問うてもはっきりした返事はせず、ただ私の顔を見つめるのみであった。私は統合失調症（分裂病）のかなり進行した状態と診断し、薬物を処方し、今後の通院、服薬の必要性を説明した。ハルコはほとんど黙ったまま母親に付き添われて帰宅した。

ハルコはその後毎週通院してきたが、相変わらずほとんど話さなかった。あるとき私があらためて、なぜ私のところに再び受診したのかを問うと、ハルコは「先生が呼んでいたから」と答えた。私はそのときハルコに私の声の幻聴があることをはじめて知った。

そのころから私の自宅にハルコからの贈り物が届けられるようになった。ハンカチとか靴下といった身につけるものが多かった。私はその都度診察のときに礼を言うとともに、そのような気づかいは無用であり、もう贈り物は打ち止めにしてほしいと告げたが、贈り物は続けられた。しばらくして診察日でないときにハルコから病院に電話があり、「先生はいつ迎えにきてくれますか?」と聞かれた。何のことかわからず問い返すと、ハルコは、私が彼女に結婚の申し込みをし、じきに迎えにいくと言っているという。私はびっくりして、決してそういうつもりはないと告げた。そうするとハルコは「あーそうですか」と言って電話を切るが、しばらくするとまた同じような電話がかかってきた。そういうことが繰り返し起きていたころ、私の自宅にハルコから大きな箱が送られてきた。箱には「寿」というしるしの紙がかけられていて、中には下着や靴下など身につけるものが沢山入っていた。私は驚いて、このようなものは頂く理由がないこと、私は彼女と結婚する意志がまったくないことを書いた手紙を添えて、その贈り物を送り返した。その後ハルコは受診しなくなった。不安定な状態になり、別の病院に入院したとのことであった。

ハルコはおそらく十七歳のとき病院で私とはじめて会ったときから、私に対する恋愛感情を抱いたのであろう。「いやらしい目つきで見てしまう」という主訴は、心に秘めておくべき性愛的感情が自分の意に反してあらわになってしまうという訴えであろうが、それがはじめて会った若い医師である私に対して発動していたのであろう。自分は愛されているという被愛妄想がすでにそのときに生じたのかもしれない。その治療者から見捨てられた（他の医師に紹介された）とき、彼女はその苛酷な現実を、いずれ治療者が迎えにくるという妄想と幻聴を発展させることでかろうじて耐えたのかもしれない。その願望は彼女の心の中で十数年生き続け、彼女はその願望を贈り物を贈ることで実現しようとしたのであろう。私はそういうハルコの心の深いところの動きに気づかずにいた。治療者として慚愧の念に耐えない。

❖症例アキコ

中年の女性アキコが抑うつと感情不安定を主訴に来院した。アキコは幼くして父を喪っていた。父は職業軍人で、アキコが二歳にもならぬうちに出征したので、彼女は父の顔を覚えていない。のちに写真を見ただけだという。母が再婚し、アキコは母についていったが、継父には親しみがもてなかった。高校生のころ、ある読書会の世話をしている初老の男性に出会い、彼に惹かれてその手伝いをするようになった。その人の息子が専門職の資格試験に通るために勉強しているのに惹かれ、彼の世話をするようになり、やがて結婚した。はじめに知り合った初老の男性は義父になったことになる。夫との間に二人の子どもをもうけたが、子育てが一段落し長女が大学に進学して家を出るころから、自分をふり返って自分の人生はこれでよいのかと思うようになり、夫が社会的には成功していても精神的なことに関心がないのを、不満に思うようになった。そのころ読書会で知り合った息子のような年齢の男性に惹かれるようになった。彼が今まで否定してきた自分の魂のように思える、彼の成長を見守っていたいという気持になった。しかしこのころから感情が不安定になり、気分が沈んですぐ涙が出てくるようになって、受診した。

面接過程でアキコは、今までずっと人の世話をしてきたこと、人に与えようとしてきたこと、父からも母からも十分与えられることがなく、また与えてほしいと求めることもできなかったことを語った。そのころ彼女は旅行先で買った恐龍の小さな置き物をおみやげとして治療者にわたした。恐龍が碁盤を前に腕組みをして考えているという置き物である。アキコは治療者が碁を打つことを知っていて、この置物をみたときふと買いたくなったのだと言う。私が喜んで受け取ると、彼女はほっとした表情で、「受け取ってもらってうれしい。自分もこのごろ与えられるものを受けとることができるようになった。体調が悪いときに母が世話をしてくれるのを、すなおにうれしいと思うようになった」と語った。

その後の面接でアキコはしだいに父への思いを語り、父を理想化して、父親代りを探していたことに気づいていった。そして、自分を残して出征していった父への怒りをはじめて口にするようになった。

やがて惹かれていた若い男性と別れることになり、その別れと父との別れ、治療終結による治療者との別れが重なって体験され、喪失にかかわる怒りと悲しみが語られるようになった。そういう時期を経て、「今まで父を探し続けていたが、もう探さなくてもよくなった。自分の中に父がいるようになった」と語って、治療終結に同意した。

そのあと治療者のところへ短い感謝の手紙とともに白いバラの花束が送られてきた。白いバラは父の日に贈る花であるという。

幼なくして父を失い、また再婚先で苦労している母を見て、アキコは「親を困らせないいい子」として生きてきた。アキコは義父や夫の中に父を見て惹かれたのであろうが、同時に彼らの中に自分自身を見て、彼らの世話をし、彼らに与え、彼らを育むことで、自身を育んでいたのであろう。アキコ自身が他者から与えられ育まれることはなかった。そのアキコが碁盤の前で考える恐龍の贈り物をくれた。私がそれをよろこんで受け取ると、アキコは彼女自身が与えられたり世話をされたりすることを受け入れられるようになりつつあると語った。アキコは治療者の中にも彼女自身を見ていたのであろう。贈り物を受け取る治療者を見て、そしてそういう治療者を今度は自身に取り入れて、自分も受け取ることができるようになったのであろう。アキコは治療者を育んでくれていたのだろう。碁盤を前に考える恐龍は治療という仕事に苦慮している治療者像なのであろう。

治療終結にあたっての白いバラの贈り物は、彼女にとって治療者が父親でもあったことを示している。アキコは治療者との別れに父との別れを再体験し、怒りや罪責感や悲しみを語りつつ、父の喪失を受け入れていった。アキコは終結のすこしまえに「先生を好きだけれども、生きている人としてではないみたい」と語ったが、この言葉にも、彼女が治療者と父を重ね合わせて体験し、その喪失を受け入れ始めていることがよくあらわれている。白バラの贈り物は「父を愛し、父に愛される娘」という彼女の空想の実演であると同時に、彼女がその空想から今まさに抜け出しつつあることを告げていたのであった。

✣症例ヨシエ

ヨシエは私が十年余にわたってかかわってきた境界例の女性である。「圧迫されるようで人混みが怖い」「家の外で食事がとれない」といった主訴で来院したが、ほかにも不登校、家族とくに母親へのあらわな敵意と暴力などがあり、治療経過中に多彩な恐怖・強迫症状、一過性の幻覚・妄想が出現した。知的能力は高い。大学進学に固執し知的職業に就きたいと望んでいるが果たせないでいる。女性であることがいやで中性になりたいという。

二十歳ごろ数カ月入院した。面接の話題は知的、観念的なことが多く、医師や看護師の矛盾や弱点を突くことにかけては実に鋭い。精神医学や心理学の本を読み漁り、その知識をふり回して治療者に対抗しようとする。一方で治療者である私の無精ひげや擦り切れたスリッパを見かねてか、カミソリやスリッパを贈ってくれる。当時精神科医になって間もないころの私は贈り物をどのように取り扱ったらよいかわからず、当惑しつつそのまま受け取っていた。

ある程度症状が軽快して退院したが、その後また感情不安定となり、親との口論、自殺念慮やリスト・カットも出現した。

二七歳で自ら希望して私の勤務する病院に再入院した。「先生が侵入してくる」「自分というものがなくなって、先生の方式を押しつけられる」などと治療者を批判する一方、「先生に話したいが素直に話せない。言葉にすると嘘になってしまう」とか「大勢の患者のなかの一人ではいや」とかと言い、治療者を独占したがる。

しばらくして、クラシック音楽を好むヨシエは、「先生にも聴いてほしい」とポリーニ（男性ピアニスト）のレコードをくれる。「理知的で機械的、そして潔癖で透明。ポリーニは自分の生き方を貫いている。今の私の気持にぴったり」と。一年程して今度はアルゲリッチ（女性ピアニスト）のレコードをくれる。「感情がどろどろとあふれていて、まるで酔払いが弾いているみたい。でもこういうものも聴けるようになった」と。私は贈り物は感謝して受け取り、音楽を通して語られるヨシエの気持をできるだけ理解したいと思っていた。

三十歳も間近の春、「自分だけ取り残される。無能な人間で終ってしまう」と混乱が激しくなる。大学進学にこだわらず人生をもう一度見直してみようと促す私を、ヨシエは「先生が無理矢理大学をあきらめさせようとする」と攻撃する。感情がきわめて不安定となり、治療者にあらわな敵意を示す。

こういう状況のなかで、ヨシエは私に小説『モンテ・マリオの丘』（カルロ・カッソーラ著）をくれる。ヒロインのエレーナという変わり者の知的な女性が青年下士官マリオといっしょに暮らし始めるが、本当に親密な関係がもてず互いに傷つけ合う。結局二人の関係は破綻しエレーナは去るが、小説の最後の部分でマリオに再会したエレーナはこう言って泣く。「わたしってほかの女の人とはちがうんですもの……。気が変なんですもの……。好きな人を痛めつけるんですもの……。」ヨシエはこの言葉に「私の気持がよく出ている」と言う。また日記を読んでほしいと差し出す。私は「あなたの心の秘密だから、私が読まない方がよいのでは」と断ったが、ヨシエが「ぜひ読んでほしい」と言うので受け取る。日記には面接場面での攻撃的な言葉とは対照的に、治療者への愛と深い依存心、そしてそれへの困惑と抵抗の気持がつづってある。しかし当時の私にはこのことを面接のなかでどのようにとり上げてよいかわからず、話題にしなかった。

ヨシエは翌日には今までにもまして私を攻撃し、暴言を吐き、叩いたり蹴ったりする。「あの日記は嘘だ！　返せ！」と叫ぶのですぐ返却するが、ヨシエの興奮はおさまらず、みずから望んで転院する。しかしそこをすぐに退院し、泣きながら私に電話してきて、再び私どもの病院に入院。「大あばれ」をふり返って、「自分の中にあんなふうになる悪魔がいるのが怖い」と語る。

さらにヨシエは私が推理小説が好きなことを知って、文庫本の推理小説『ヒルダよ眠れ』（アンドリュー・ガーヴ著）をくれる。人妻ヒルダが殺され、その夫が殺人犯として捕えられるが、彼の無実を信じる友人がヒルダの過去を探っていくと、表向きはよい妻であったヒルダが実は押しつけがましく他人の生活に侵入するいやな人間で、皆から嫌われていたことが明らかになる。殺人犯はこういった彼女の被害者の一人であった。友人は若い女性の協力を得て真犯人を突きとめる、といったストーリーである。ヨシエは「ヒルダは私にそっくり」と言う。

その後もヨシエは面接で何冊かの本を話題にし、それを相ついで贈ってくれようとするので、私が当惑して謝絶し、代金を支払おうと申し出ると、彼女はぴたりと贈り物をやめる。それ以後不安定になったので、「私の謝絶があなたを傷つけたのか」と問うと、ヨシエは「私はけちで、お金がもったいないから、(謝絶されても)別に傷つかない」と答えた。しかし彼女は再び周囲に対して攻撃的となり、さまざまな行動化が頻発して、ついに転院させざるを得なくなった。

その後彼女から数回の電話と手紙があった。そのなかで彼女の私に対する感情はしだいに統合されてゆくように見えた。

ヨシエは無精な私にカミソリ、スリッパを贈り、音楽を解さぬ私にクラシックのレコードを贈り、私を外面的にも内面的にもよりよい人間にしようとしてくれている。与えられる援助が人の心の不安や自信のなさをどのくらい守れるかは、援助の与え手にその人が付与する価値に比例する。ヨシエは援助の与え手たるべき私を修正し、より理想的な存在にしたかったのであろう。そして彼女自身の好むレコードや小説を贈って、治療者との間に共通性を作り出し、自分と治療者を結びつけようとしたのであろう。

またヨシエの贈り物は、治療者への好意とそれと併存する敵意や攻撃性を、同時にしかも比較的安全な形で表現する手段でもあった。フロイトの言葉を借りると「贈り物をする人の好意に結びついている攻撃性はその満足を要求するのです。受けとる人は、どうしても、興奮し、やっかいなものに思い、当惑せねばならないのです」。私もおおいに当惑せざるをえなかった。彼女は贈り物によって、言葉による治療者への攻撃を中和し、彼女の抱いている恐ろしい治療者像を宥めるとともに、一方、愛を直接告白して治療者に呑み込まれる危険を避けてもいる。贈り物は愛の表現であると同時に、それを隠蔽する、あるいはいつでも否定できる立場に自分を保っておこうとする試みでもある。贈り物はこういったさまざまな感情を一挙に満足させつつ、自己の感情とその両価性を自覚することによって不安や罪責感が高まることを防衛する役割をも果たしている。ヨシエは贈り物をせざるをえなかったのであろう。

ヨシエがその後も相ついで本を贈ってくれようとするので、私が謝絶して代金を支払おうと申し出ると、彼女は感情不安定となった。私が「私の謝絶があなたを傷つけたのか」と問うと、彼女は「私はけちだから、お金がもったいないから、別に傷つかない」と答えた。のちに気づいたが、この言葉はヨシエとその母との間でよくかわされた言葉であった。彼女が母親に何か買ってもらいたいと求めたとき、あるいは母親自身が自分のものを買うようにとヨシエが勧めたとき、母親はしばしば「もったいないから」と断り、ヨシエはそういう母親を「けちだ」と非難していた。治療関係のなかでおそらくヨシエは治療者を「与えられる自分」と同一視し、自分は「与える母親」の立場をとって治療者つまり自分自身に贈り物をしていたのであろう。治療者の謝絶にあって、自分と治療者の関係が「与えてくれる母親」と「与えられる自分」から、「与えてくれない母親」と「与えられない―拒絶する自分」へと一転してしまったのであろう。そしてこの相反する母親像と自己像の統合はまだヨシエの手に余る仕事だったのであろう。

スタイン(21)は「贈り物が患者の不安克服の手助けになっている場合には、贈り物を贈るという行為についてあまりに早く解釈したり、やめさせたりすべきでない」と指摘している。ヨシエの贈り物を私はいましばらく受け取っておくべきであった。私が贈り物を受け取りながら、しかし決して彼女に支配されたり呑み込まれたりすることなく、その贈り物によって成長していくこと（クラシックがわかるようになり、小説の理解を深め、それによってヨシエの理解を深めること）を示すべきであった。ヨシエがそういう治療者を見ることができれば、他者の愛を受け入れることが自らの主体性の喪失につながるものではなく、むしろ成長を可能にするものであることを学ぶことができたかもしれない。

ヨシエの私への贈り物は、彼女が実は彼女自身に与えられることを望んだものであり、彼女自身の女性性をめぐる葛藤の解決を助けてくれる内容をもつものであった。レコードは「理知的で機械的な」男性ピアニストから「感情のあふれた」女性ピアニストへと移っている。小説においても、かつては「中性」になりたいと言っていた彼女が女性主人公《ヒロイン》を同一視している。知的な変わり者の女性エレーナは男性との関係の確立に失敗するが、小説の最後のところでその男性に再会して、「わたしってほかの女の人とはちがうんですもの……。気が変なんですもの……。好きな人を痛めつけるんですもの……。」といって泣く。そして「それをきっかけに愛が再び始まるかもしれなかった」という文章でこの小説は終る。ヨシエはこの小説を私に贈ることによって、彼女の他者との関係のあり方を、そしてそこで彼女が両価性を自覚し悩んでいることをエレーナに語らしめ、かつ未来への希望を伝えているかのようである。

『ヒルダよ眠れ』のヒルダは押しつけがましく他人の生活に侵入し、他人の生活や感情をめちゃめちゃにしてしまう女であった。ヨシエはヒルダに自分自身を見ているが、あるいはヒルダは、ヨシエの心の中に侵入し感情を動揺させる治療者であったかもしれない。素人探偵はヒルダの過去をあばきその恐ろしさをえぐり出すが、その過程で調査に協力した若い女性と結ばれる。なおヨシエはとくに口にしていないが、彼女のお気に入りの作家アンドリュー・ガーヴの作品にはしばしば素人探偵（未熟な治療者）が登場し、若い女性（患者の観察自我）の協力を得て問題を解決するのである。

しかし、こういう贈り物に見られる患者の治療への肯定的な感情と成長への願望は、他方に存在する治療者への敵意や自己破壊的な衝動に打ち負かされ、ついには攻撃的な行動化が突出し、結局は転院のやむなきに至った。私の治療者としての力不足があった。贈り物は実は治療が危機に瀕していることを告げていたのである。

✣症例ヒロミ

ヒロミは三十代の女性。身体のしびれ、胸部圧迫感、発狂恐怖、「夜が恐い」などと訴えて来院した。年齢のわりに子どもっぽい、人形のような服装をしていた。

ヒロミによると父親は軍医で、ヒロミは戦時中海外に生まれ、各地を転々とした。父親は戦地で行方不明となり死亡したらしい。六歳で日本に引き揚げてきて、十二歳で養女に出される。実母と継母にはさまれて気をつかい、どこにも安住の地がなかった。二十歳で結婚し、故郷を離れて都会に出てくるが、都会に馴染めず、都会出身の夫とも気の合わないところがあった。彼女が数奇な過去を語ってもまわりの人たちは信じてくれなかった。自分が本当の日本人として受け入れられていないという気がする、父親には今も強い愛情をもっていると言う。

面接でのヒロミの話は空想と現実が交錯し、どこまでが現実でどこからが空想か彼女自身にも区別がつき難いようであった。私が「それは空想ではないのか」といった介入をすると、ヒロミは「先生がどうせ信じてくれないから嘘を言っている」と言う。面接の中で彼女は過去のさまざまな人物を私に投影した。私が「憎らしい都会人」の代表であったり、いずれ結婚するはずであった養家の兄であったり、あこがれていた家庭教師の学生であったりした。私を家庭教師に見立てていたときの彼女は精神医学の本を多読し「まるで宿題を報告するように」(のちのヒロミの言葉)私に語りたがった。他方ヒロミは私を精神科医として認識し、医師としての私の能力への批判を口にし、あたかも私を育てているかのような態度を示した。「うんうんと聞いているからよい医師になる素質はあるが、まだヤブだ」などと言う。ときおりきれいな人形の絵をくれたり、外国製の小さな飾り物をくれる。「美的センスのない」治療者に美を教えるといった態度であった。

治療開始後一年程したころから、ヒロミは過去から現在に至る生活のなかの孤独や寂しさについて語り始めた。そしてある日、日本の花の図鑑をもってくる。「なぜ私にくださるのか」と問うと、ヒロミは「今までの御礼です。このごろ愚痴を言いにきている。こんなことは言うべきでないから、もうこないつもり」と語る。私は贈り物についてはそれ以上コメントせずに受け取り、今後も治療の必要性のあることを告げた。その後の面接のなかで、ヒロミは治療者にさまざまな人物を投影していたことに一つ一つ気づいてゆく。「自分も男だったら父のように医師になりたかった。父は死んでいるのに、先生が医師として生きているのが許せなかった」と。また「先生はあのときの私の気持がわかっていなかった」と、いくつか私の理解不足を指摘する。そして「今、私が先生を教育している」と言う。たしかにそのとおりであった。

約四年間の経過を経て、症状はほぼ軽快し、痛院がだんだん不規則になった。「先生との別れに、今までのいろいろな別れ、父との別れ、養家の兄との別れなどが皆重なっている」と語る。そして「今度こそ本当に終りにします」と告げにきた日に、御礼にと日本画の画集をくれる。

数日して電話があり、「あの画集は御礼と言ったけど、本当は先生の教育のつもり」と。そして「何か先生の読んでいた医学の本をもらいたい。側に置いておきたい」と言う。私は患者に贈り物をしたことはかつてなかったが、このときは断り切れず、たまたま読んでいた『本居宣長』(小林秀雄著)を贈った。その後電話で、「とてもうれしかった。まるで父からもらったみたい。今まで一方的に父に愛を注いできたが、父からは何ももらったことがなかった。父への愛に応えてもらえたという気がする」と述べる。その後も何回か電話があり、ヒロミの私に対する気持はさまざまに揺れ動いたが、ここでは省く。

ヒロミは人形の絵や飾り物あるいは花の図鑑や日本画の画集といった贈り物によって治療者の美的センスを向上させようとし、また自分の気持を解説することで精神科医としての私を教育しようとしてくれている。自分に援助を与えてくれる人物をより理想的な存在へと修正しようという気持は症例ヨシエと共通している。

そしてヒロミは治療者に父親を見ながら、一方で治療者を自分自身と同一視している。彼女は娘として父である治療者に贈り物を贈って愛を注ぎ、その治療者と別れることによって、愛する父を喪ったという過去を再演しながら、父の喪失を受け容れようとしている。また一方で、治療者を自分自身と同一視し、自分は父親の立場をとって、治療者すなわち自分自身を育み、贈り物をすることによって、現実の父親との間ではおそらく満たされなかった「父親から愛を与えられる娘」という関係を実現しようとしていたのであろう。ヒロミが私に贈ってくれたものは、彼女自身が美のわかる人間になるために、海外に生まれた彼女が「本当の日本人」になるために、自分自身に与えられたいものにほかならなかった。

そして別れにあたって、ヒロミは治療者から医学の本をもらいたがった。父の跡を継いで医師になるという空想が働いていたのであろう。私が断り切れなかったのは、一つには彼女からの贈り物が私を拘束してお返しをせざるをえなくしたからである。いま一つは、私からの贈り物がいましばらく私との象徴的な共存を彼女に可能にし、彼女がそのなかで父親との別れを完成させることを期待しうるかもしれないと思ったからでもある。医学書ではなくたまたま読んでいた『本居宣長』(小林秀雄著)を贈った。日本人の心を探り、先人の跡を辿りながら、そのことを通してほかに替え難い独自の自己が立ち現れる。そういう小林秀雄が本居宣長に対してなしていることを、ヒロミが父親に対して、そして日本に対してなしとげることをひそかに願ったからであるが、この願いがどこまでヒロミに伝わったかはわからない。ヒロミは私からの贈り物を父親からの愛情として受け取った。「よい父親から与えられるよい娘」という彼女の無意識的空想の中の一役を私が演じさせられていたといえよう。

❖症例ヒロシ

この例は贈り物を直接患者から受け取ったのではなく、患者が亡くなったあと、その母親から贈られたものである。不幸な結末に終った例で、治療者として慚愧の念に耐えないが、私にとって忘れ難くかつ教えられることも大きい例であった。

ヒロシは男性で、初診時十七歳の高校生。手洗いや確認といった強迫行為、過度な完全主義など重症の強迫症状を呈していた。

子どものころから学業成績は抜群で、母親の期待も大きく、自分でもいずれ人名事典に載るような偉大な学者になると思い込んでいた。ところが中学三年ごろから強迫症状が出現し、高校に入って増悪した。十七歳で病院を受診し筆者が治療を担当することになった。ヒロシは治療者がまだ若く権威のないことに不安と不満をもった。入院するも母親との分離に耐えられず、無断離院して家へ帰ってしまう。強迫症状のため自分では身の回りのことができなくなり、洗面、ひげ剃り、着脱衣に母親の介助を要求し、つねに母親にまとわりつき、母親が望み通りにしてくれないと叩いたりする。二度ほど往診して入院を促すも応じない。ほぼ二年近く母親のみが通院。

母親はしっかり者で、家庭では影の薄い父親を助けて家業を助けつつ、息子にも献身的といってよい世話をする。「僕のために実によく尽くしてくれるマリア様のような母」というヒロシの言葉が私にもうなづける。母親はヒロシの乱暴や退行した言動にもよく耐え、今までの過大な期待を反省し、「もう一度子どものときからやり直すつもりでいます」と言う。治療の行き詰りに無力感に陥りがちな治療者の方が、この母親から励まされるように感じたことさえある。

ヒロシは二二歳のとき自ら母親との分離を目指して再入院した。「今まではスーパーマンになろうとしていた。今は自分がとても弱く無力に感じる。大きな手につつまれていたい」と述べる。このころから無力感、将来への不安が前景に立ち、不眠や自律神経症状が出現し、「将来が真暗」と訴え、ある冬の日、付き添っていた母親がジュースを買いに出たごく短い間に自ら命を断った。母親はとり乱しはしたが、治療者である私への非難、攻撃は一言も口にせず、遺体を引き取るときにも「本当にお世話になりました。先生のことは決して忘れません」と言ってくれた。

葬儀の日に会葬者の一人として参列させてもらうつもりで出かけたところ、親族の席に招じられた。

焼香が始まり、両親についで私の名が呼ばれた。この焼香順に驚き当惑しつつ焼香をすませた。私の後に親族が続いた。

数日後、母親が病院を訪れ、「これはヒロシからです」と電気カミソリをくれた。治療者の無精ひげを見て、退院できたら先生にあげたいと息子が常々言っていた、ですからこれは息子からです、と母親は言う。そして、彼がはじめは治療者の権威のなさに不満を抱いていたが、のちには深く信頼し、自分もいずれは人の苦しみのわかる人間になりたいと言っていた、と語ってくれた。それから母親は「これは先生の書籍代に」といくばくかのお金を差し出した。固辞して押問答したが、「ヒロシの父親も望んでいることです」という母親の言葉に押し切られてありがたくいただいた。このお金は今は数冊の書物となって私の書棚にある。母親には御礼とお金の使途を報告する手紙を書き、その後は会っていない。

ヒロシが私を同一視していたことは治療中から気づいていた。彼は同一視している治療者の無精を電気カミソリで修正したかったのであろう。彼自身は症状のため自分でひげを剃ることができず、いつも母親にきれいに剃ってもらっていた。

母親に書籍代としてお金を差し出され、固辞して押問答しているうちに気づいた。葬儀のときの焼香順は、もしヒロシが生きてあれば彼の順番だったのだ。両親は私を息子の位置に置いてくれたのだ。このお金は本来彼の学資になるはずのものなのだ。カミソリもあるいは母親が息子に与えるものかもしれないのだ、と。患者だけでなく両親も私を患者（よい息子）と同一視していた。医師の中に息子を見ることは、大切な息子を喪った母親の補償の試みでもあったであろう。また、贈り物の背後には、息子を死なせてしまった医師への隠された攻撃心に対してバランスをとる必要性もあったであろう。私はありがたいと同時に申し訳なくておおいに困惑したが、今は母親のこの同一視を引き受けることが無能な治療者であった私にできる唯一のことかもしれないと思い、差し出されたお金を受け取った。

振り返ってみると、母親によるヒロシと私との同一視は、ヒロシが亡くなったときに始まったことではなかったようである。ヒロシが症状がひどくて来院できず母親のみが通院していたころ、私には母親が治療者である私を理想化しているように感じられた。ヒロシの症状が思わしくないと、母親は不安になって面接日以外にもよく電話してきたりしたが、治療者としての私を責めることは決してなかった。むしろ無力感に陥りがちな私を励ますような態度をとり、「お世話になる御礼に」とときどき図書券を贈ってくれた。私の方も、ヒロシの強迫的なあるいは退行的な要求にけなげに耐えてきちんと通院する母親に感動し、「僕のために本当によく尽くしてくれるマリア様のような母」というヒロシの言葉ももっともだと思ったりしていた。「よい母親から愛を与えられるよい息子」というヒロシの空想、それは同時に母親の空想でもあったろうが、その空想を母親と私とで治療場面で共演していたことになる。母親がしらずしらずヒロシを束縛していること、彼がこの束縛をいまだ抜け出せないでいることが大きな問題だと私が一方で気づいていながら、これを母親との面接で十分とりあげることができなかったのは、私がこの空想の中にとり込まれていたゆえかもしれない。ヒロシも母親への批判、攻撃をなかなか言葉にできなかった。それが「悪い母親と悪い息子」という分裂・排除された対象関係を実現することになって、彼に罪責感を惹き起こしたからであろう。母親は私に「先生のことは決して忘れません」と言ってくれたが、自分の「よい息子」を決して忘れないという意味であってみれば、当然の言葉であったのかもしれない。

彼の冥福を祈る。

✣全体的考察

ここにとり上げた患者からの贈り物についていくつかの特徴をとり出してみる。

一つは、すでに繰り返し述べたように、贈り物の背後に患者の無意識的空想があり、贈り物はその無意識的空想の実演であるということである。症例ハルコは治療者に身の回りの品々を贈ったが、その背後には「治療者との結婚空想―治療者により苦境から救われるという空想」があった。症例アキコはかかわる対象のなかに自己を見て、自身は父の立場に立って対象を育むことで自己を育んでいた。つまり「父に愛され、育まれる娘」という空想を立場を入れ替えて実演していた。しかし治療の後半に、贈り物を受け取る治療者を見て、自身も他から与えられるものを受け取ることができるようになった。そして治療終結時に、父の日に贈る白いバラを治療者に贈った。これは「父を愛し、父から愛される娘」という空想の実演であると同時に、アキコが父の喪失を受け入れることでその空想から脱け出したことを告げる贈り物であった。症例ヨシエでは「与えてくれる母親と与えられる自分―与えてくれない母親と拒絶する自分」という空想が、患者と治療者の間で立場を入れ替えて実演されていた。症例ヒロミでは「父から与えられ育まれる娘」という空想が治療者との間で演じられていた。はじめヒロミは自分が父の立場に立ち、治療者のなかにヒロミが見ている自分自身に贈り物をすることでこの空想を実演していたが、のちには治療者に贈り物をさせそれを「父から与えられた愛」として受け取った。症例ヒロシでは「よい母親から愛を与えられるよい息子」という空想が患者の母親と治療者の間で実演されていた。

いずれの例においても治療者はこれらの空想にとり込まれ、そのなかで一役を演じさせられていた。治療者がそのことに無自覚であったがために、治療は必ずしも円滑に進まなかった。贈り物を贈られることによって治療者がある種の自己愛的満足に陥り、そのためその贈り物を治療的に取り扱うことに失敗したと批判されるかもしれない。

二つ目の特徴は、五例とも患者（症例ヒロシでは患者の母親）が女性であるということである。三十年以上に及ぶ精神療法家としての経験をふり返ってみて、贈り物は女性患者からもらうことの方が多く、男性患者からの贈り物はその数も少なく、印象にもあまり残っていない。

女性からの贈り物ということで思い浮かぶのは日本の昔話に出てくる贈り物である。斎藤なつみ[22]は日本の昔話のなかから贈り物が語られている十五の話をとり上げて検討し、日本の昔話では贈り物を贈るのは動物や若い女性や僧であり、いずれも人間より秀れていると思われる存在であり、贈られるのはほとんど男性であると指摘している。動物も女性も僧も神的なものあるいは無意識なものと結びつきが強いと考えられるので、贈り物は無意識からの贈り物であると考えられる。

精神分析的治療とは無意識を意識の光の下にもたらそうとすることである。筆者の治療においては男性治療者は意識を代表する存在であろう。女性患者から男性治療者への贈り物は無意識から意識への贈り物であると考えることができる。

斎藤はさらに「(贈り物を)もらう側のした事を見てみると些細な事が多いように感じられる。また、もらう側はもらうために犠牲を払うこともない」と述べている。たしかに日本の昔話では、とりたてて努力もせず犠牲を払うこともない、怠惰ともいえる男性のところに贈り物が贈られることが多い。河合隼雄[23]は「怠け者の昔話は民衆の単純な願望充足を反映するものから、人間の意識的な努力の評価に対するアンチテーゼとしての無為の思想を語る深さをもち、それはまた、意識が無意識と出会って新しい創造を成し遂げようとする自己実現への高い準備状態を描いているものということができる」と述べている。またリュティ[24]は「主人公の怠惰は慣習的な評価にしたがうことの拒否であり、無意識的なものとの結びつきを暗示している」と述べている。

精神分析的精神療法における治療者は患者の話に耳を傾け、そこから理解しえたところを言葉にするだけで、患者に対して積極的に指示や助言をするわけではない。あたかも何もしないかに見えることが多い。むしろあえて何もしないことによって、その場が無意識に対してひらかれるのを促すのである。患者からの贈り物はそのようないわば「怠惰な」治療者への贈り物なのであろう。ただし治療者には解釈(治療者が理解してきたことを患者に言葉で伝達すること)によって無意識を意識化するという大事な仕事がある。とりあげた症例において、治療者としての私にはこの仕事が十分にはできていなかった。次々と贈られる贈り物はこの治療者の怠惰を目醒めさせようとするものであったかもしれない。

三つ目の特徴は、私が受け取った贈り物には私を育んでくれるものが多かったということである。日本の昔話では、贈り物は貧者や弱者を助けるために贈られることが多く、贈られた人は贈り物によって幸せになることが多い。ギリシャ神話に見られる贈り物が不幸や厄をもたらすことが多いのとは対照的といってよい。

治療過程のなかで受け取った贈り物の背後に権謀術数や敵意や憎悪を私が感じることはほとんどなかった。それは一つには、無意識的空想のところで述べたように治療者への贈り物が実は患者自身への贈り物であり、患者は治療者に贈り物をすることによって実は自分自身を育んでいたからであろうが、もう一つは、彼女たちの贈り物の背後に個人的無意識を超えて日本の文化の深層が存在していたからかもしれない。

第Ⅳ章　臓器移植――命の贈り物

1　臓器移植とは

臓器移植は「命の贈り物」と言われている。疾病や障害のために命を失う危険に瀕した患者が他者から臓器を贈られることによって一命を救われるのであるから、たしかに「命の贈り物」と言ってよいであろう。ただし臓器が贈られるためには、死体からの移植の場合は提供者（贈り主）の死が前提となる。心臓移植は提供者が死亡しなければ不可能なのである。生体からの移植の場合も提供者は健康な自己の身体に全身麻酔下でメスを入れられて臓器を摘出されるのであり、死の危険がまったくないとは言えない。現に二〇〇三年五月五日の新聞には生体肝移植の提供者となった母親が死亡したとの記事がある。国内二千例ではじめてのことだという。現実的には死の危険は少ないとは言え、心理的には死の危険を冒して提供するわけである。命を贈るには自らの命を犠牲にしなければならない、あるいは少なくともその覚悟をしなければならないのである。臓器という贈り物はまことに重い贈り物である。そしてこの命の贈り物の背後には、臓器提供者《ドナー》の側にも被提供者《レシピエント》の側にもさまざまな心理が働いている。そしてそれは必ずしも人間愛ばかりではない。臓器移植の問題を考えていくと、必ず、生きるとはどういうことか、人間存在とは何かという根本的問題に直面することになる。

臓器移植について考えるにあたって、ここではまずそれを可能にした近代医学の根底にある身体観、人間観について述べ、近代医学の中で臓器がどのようにとらえられているかを見てゆく。さらに臓器移植にはどのような種類があるかを説明し、ついで腎臓移植、心臓移植、骨髄移植について例をあげつつ、ドナーとレシピエントの体験と心理について検討する。

❖近代医学と身体機械論

古代においては人間の病はすべて身体と心の、つまり全体としての一個の人間の病と考えられていた。しかし近代文明が発展し近代医学が発展するにつれて、病は身体の病だと考えられるようになり、身体医学に重点を置いた、あるいは身体医学に偏った医学ができてきた。医学部と言えばほとんどが身体医学の科、内科とか外科とか産婦人科とか整形外科とかからなっていて、精神医学は多くの科の中の一つ、それも主要でない科の一つにすぎない。

身体医学の中では人間は誰某《だれそれ》という特定の個人としてとらえられるのではなく、無名化される。その人のもつ人格、歴史、意味、関係性は捨象され、人は一個の生物体あるいは有機体、さらにはいくつかの部分（部品）からでき上っている一つの機械のようにとらえられる。そしてそれぞれの部分

(部品)、胃とか肝臓とか腎臓とか心臓とかの機能や構造を検査するさまざまな方法や機器が開発され、病気とはさまざまな検査に現れる異常値のマトリックスだと考えられている。つまり病気とは人間の身体という機械が故障したものだということになる。したがって病気を治すには故障した部品を修理するか、または新品の部品と取り換えればよい。こういう思想が近代医学を発展させてきた根本の思想であり、これを機械論的人間観あるいは身体機械論という。こういう考え方では人格と身体は分離されて、人格は容器としての身体を所有する主人あるいは主体とみなされ、一方身体は所有物であり、他の財産などと同様他者に譲渡することができるモノとみなされる。

人間を一つの機械ととらえ臓器を部品ととらえるなどというのは乱暴な話だと思われるかもしれないが、こういう考え方が近代医学を進歩させてきたのであり、われわれは皆その恩恵を大いにこうむっている。たとえば私自身は左眼が白内障にかかり水晶体が混濁してしまったので人工のレンズに取り換えてもらってある。右眼は重症の網膜剝離を起こしたので、これ以上剝離しないように網膜をシリコンで硝子体に縛りつけてある。つまり私の目という部品、そのうちでも水晶体や網膜といった部品は一部は人工の新品と取り換えてあり、一部は大幅な修理補強が施されている。昔であれば失明しているところを身体機械論に基いた近代医学によって救われているのである。

機能を果たさなくなった臓器や部分の働きを人工の機器で代用しようとするものに、大きな手術のときに用いられる人工心肺装置や、腎機能が廃絶したときに腎機能を機器で代用する人工透析がある。臓器移植は、機能を果たさなくなった臓器を、必ずしも新品ではないがまだ機能を果たす部品つまり他者の臓器によって置き換えるということである。移植医の中には臓器移植を「臓器のリサイクル」ととらえている人もある。この臓器移植は身体機械論に基く近代医療の最先端であり、それによって多くの命が救われていることは事実である。そこでは提供される臓器は贈り主の人格とは切り離された譲渡可能なモノであり、場合によっては「商品」とみなされる。

しかし臓器移植はそのような身体機械論にはおさまりきらないさまざまな問題を含んでいる。それは臓器がその持主である人格と分かち難く結びついていて、その人格のさまざまな属性や特徴を喚起する象徴だからであり、その意味で「贈り物」であって、必ずしも「商品」ではないからである。

❖移植される臓器は「商品」か「贈り物」か

近代医学の根底にある人間観は、個人は境界明瞭な唯一独自の、統合された動機づけと認識の主体であり、他の同様の主体に対して、またその社会的背景と自然的背景に対して対置される、といったものである。そして正常な場合、一つの身体には一つの統合された人格しか存在しない。その人格は脳に宿るとされ、人格の中心としての脳と脳以外の身体とは切り離して考えてよいとされている。このように人格と身体を分離したものと考えると、人格は容器である身体を所有する主体として認識される。身体が「所有物」であるとすれば、ほかの財産などと同様、他者に譲渡することが可能になる。つまり臓器移植を推進する近代医学の中においては、身体は単なる物質あるいは容器であり、そこに宿っていた（いる）人格の痕跡を残すものではないとみなされている。つきつめて言えば、臓器は単なる肉塊であり、譲渡可能であり、ときには金銭で取り引きもされうる。つまり身体は「商品」なのである。

一方、身体はその持主の人格と深く結びついていて、その結びつきは死後も続くとする人間観もある。出口顯[1]はその著書『臓器は「商品」か――移植される心』の中で、こういう人間観から見た身体を「記号としての身体」と呼んでいる。

記号論の説くところによれば、メッセージを伝達する記号同士の結びつきにはメタファー（隠喩）とメトニミー（換喩）がある。メタファーは類似による結びつきを、メトニミーは隣接による結びつきをあらわす。この区別に従うと、ある個人の身体と人格あるいは精神は互いに隣接しているからメトニミーである。出口はこのような身体のあり方を「記号としての身体」と呼ぶ。こういう「記号としての身体」は、「商品としての身体」のように譲渡されたからといって、「もとの持主」の痕跡をいっさいとどめないというものではない。手放されたあとも「もとの持主」の人格と一体であるという意味でそれは譲渡不可能なものである。「記号としての身体」は「もとの持主」やその家族にとってはかけがえのない貴重なものであり、商品のように交換しうるものではないことになる。

次の章で詳しく述べるように、モース[2]はその『贈与論』の中で、近代以前のアルカイックな社会でみられる贈与交換という現象が、貨幣を媒介とした売買といった市場原理では説明しきれないものを含んでいると述べている。モースはニュージーランドのマオリ族の風習を例としてとり上げている。マオリ族においては贈り物をもらった人は必ず返礼をしなければならない。贈り物（タオンガ）にはハウが宿っている。贈り物のハウは贈り主の霊の一部であり、ハウはその古巣、森や氏族の聖所やその所有者のもとへ返りたがる。それを保持し続けることは贈り主の霊の一部を保持し続けることに等しく、危険であって生命にかかわることであるという。つまり贈与においては贈与物（贈り物）とともとの所有者の人格とは完全には分離していなくて、人格と物との間に結合性がある。贈与においてはもとの所有者は永続的にその物への権利を保持し続け、その受け取り手に影響を及ぼすのである。

モースにしたがえば提供者の人格を宿した品はそれが何であれ「商品」ではなく「記号」すなわち「贈り物」であると考えられる。

ただし交換されるものがつねに二者択一的に「商品」か「贈り物」かに分類されるわけではない。たとえば恋人が誕生日に贈ってくれたネックレスは、たとえそれがもともとは「商品」であったとしても、恋人の心のこもったものであれば、その人の人格が宿る「贈り物」であり、簡単に誰かに譲ったり売ったりすることはできない。つまり贈られたあとも贈り主はその贈り物についてある支配権をもっていて、それによって贈り主と受け取り手の関係が確立され強化されるのである。

ここで「商品」と「贈り物」の区別について述べたのは、臓器移植において臓器がときに商品と考えられ、ときに贈り物と考えられるからである。移植医療を行う医療者にとっては臓器は単なる物質であり、交換可能な「商品」である。「臓器のリサイクル」といった表現は臓器を交換可能な商品とみなす思想をよく表している。「商品」の取り引きはその場限りのものであって、のちに売り手と買い手の間に情緒的関係をもたらすことがない。臓器移植のドナーとレシピエントは互いに匿名の見知らぬ人であり続けることになっている。ドナーにもレシピエントにも互いに相手が誰であるかは知らされない。移植後両者が情緒的関係を持たないように、たとえばレシピエントの感謝の念があまりに大きく負債意識となったり、ドナーがレシピエントの人生に口をはさんだり見返りを要求したりすることがないようにという配慮からである。

❖臓器提供者の動機

臓器提供者《ドナー》はどのような動機から臓器提供を申し出るのであろうか。かつてわが国でもあった売血と同様、貧しい国々では生活のために臓器（一方の腎臓）を売却する人たちがある。これは悲劇ではあるが、そういう人たちが身体を所有物と考えているからこそ生じることでもある。死後の臓器提供の意志を表す人たちの中には、死んでしまえば死体は単なる物質であり、どのように処理されようとも自分の与り知らぬことだと考え、その物質が他者のために役立つならばそのように利用してもらってさしつかえないと考える人たちがある。こういう人たちは臓器を交換可能な「商品」と考えているわけである。こういう人たちの中にも、老化や病気のために自分の臓器にはもはや商品価値がないと考えて臓器提供を断念する人たちもある。

ただし死後に臓器を提供することに同意する人たちがすべて臓器を単なる物質と考えているわけではない。自分の死後も自分の身体がどのように扱われるかについて、自分の意志を反映させたいという気持のある場合がある。なかには自分の臓器が他者の中で生き続けることを願い、自分が存続すること、ある意味では永遠の命をもつことを願う人もある。こういう人たちにとっては臓器は決して「商品」ではなく、自己の一部あるいは自己そのものであり、その意味で「記号」であり「贈り物」である。彼らの意図は必ずしも愛他的なものではない。

死亡した患者からの臓器提供に同意する家族の場合は、ヒューマニスティックな動機もあるであろうが、やはり自分の愛する人の一部が他者の中で生き続けることを願う気持、愛する人の死を部分的にせよ否認したいという気持からのこともある。家族にとって提供された臓器はあくまで亡くなった人のかけがえのない分身であって、交換可能な商品ではない。

生体からの移植の場合、提供者《ドナー》が純粋な愛情から提供を決意する場合も多い。レシピエントの生命を救うために自分の身体の一部を提供する、文字通りの献身である。ただし必ずしもそればかりではなく、それ以外のさまざまな意識的、無意識的動機がある場合がある。たとえば、それまで親として子どもに十分なことがしてやれなかったと感じている親が「罪ほろぼし」に臓器提供を申し出ることもある。自分の老後の面倒をみてもらうことを暗黙の条件に臓器提供がなされる場合もある。ときにはレシピエントになる人から要求されて、あるいは要求されていると感じて、ある種の義務感から提供を決意する人もある。臓器提供が美談として世に喧伝されることが、家族に「提供しなければならない」という気持を生じさせることもあると考えられる。またなかには家族間の人間関係あるいは力関係によって、ある人がドナーにさせられてしまうということもある。スケープ・ゴートにさせられるのである。

不本意ながらドナーになる（させられる）場合はもちろんのこと、たとえ愛情によって進んでドナーになる場合でも、ドナーのなかには自分がいわば犠牲になることにある種の怒りが生じることがある。そういう怒りがレシピエントに対するさまざまな要求となってあらわれることもある。「贈り物の背後に隠されている攻撃性はその満足を要求する」とフロイト(3)が言っているが、臓器提供の背後にも攻撃性が潜んでいる場合のあることに留意しておかねばならない。

なかには、意識的な動機の背後に多かれ少なかれ無意識的な幻想、たとえばレシピエントとの幻想的な一体感とか「献身的なよい母」とかという幻想が潜んでいて、臓器提供がその幻想の実演である場合がある。

臓器を提供しても移植が必ずしもいつも成功するわけではない。また成功したとしても遅かれ早かれ拒絶反応が生じる。そのような場合、つまり提供した臓器が生かされなかった場合、ドナーは深い失望を感じたり、自己価値の傷つきを体験したり、「自分の臓器を駄目にしてしまった」レシピエントに怒りを抱いたりする。ドナーがこういう気持になること自体、臓器が「贈り物」であることをよく示していると言ってよいであろう。

❖臓器移植の分類

いままでにもすでにふれてきたことだが、ここで臓器移植にはどのような種類があるかを整理しておきたい。

(1)異種移植と同種移植

臓器移植の歴史は異種移植から始まったと言ってよい。異種移植とは人間以外の動物の臓器を病気の治療のために人間に移植することを言う。たとえばヒヒやブタの臓器を人間に移植するなどである。こういう異種移植の実験は二十世紀はじめから試みられてきたが、拒絶反応が大きな壁となって停滞していた。しかし近年すぐれた免疫抑制剤の開発によって成功例が見られるようになった。ヒヒやブタからの心臓や肝臓が人間の患者に移植され、たとえ一時的とはいえ容態が回復したことが報告されている。現在も提供が不足している移植臓器と開発途上の人工臓器との間を埋めるものとして期待され、ヒトの遺伝子をもつトランスジェニックなブタを作り出す研究も行われている。異種移植を推進する医療者側から見れば、人間の身体に移植されたヒヒやブタの臓器や細胞は単なる臓器、細胞であって、交換可能な「商品」である。しかし人間ではない動物の臓器を自己の内に受け入れることは、ドナーである動物の特質を自らの中にとり込むように感じられて、人間としてのアイデンティティ感覚に重要な影響を及ぼす場合がある。そしてその影響は人間の他者から臓器提供を受ける場合よりも深刻かつ無気味なものになるかもしれない。

次に人間から人間への同種移植にどのようなものがあるかを述べる。

(2)死体からの移植と生体からの移植

ドナーが生きている人か死亡した人かという分類である。心臓移植や肺移植は生体から行うことは不可能なので死体から行われるが、人の死後ごく短い時間で臓器そのものもいわば死んでしまうので、心臓死ではなく脳死の患者から提供を受ける必要がある。これに対して腎臓移植や骨髄移植は生体から行うことも可能である。とくに腎臓移植がもっとも広く行われているのは、腎臓という臓器が二つあって、一つを取り出しても生きていく上で障害を生じないからであり、また臓器を一つまるごと取り出すことができるので、肝臓などの場合のように一部分を取り出すのと違って、手術が比較的容易であることによる。

(3)免疫反応による分類——骨髄移植の特異性

もう一つの分類は移植後の免疫反応による分類である。一般に他者の臓器が移植されると、それはレシピエントにとって非自己であり異物であるから、これを排除しようという機構が働く。体内に病原菌（異物）が侵入したときにこれを排除しようという機構が働くのと同様であり、これを免疫反応という。移植された臓器がレシピエントから拒絶されるということなので、臓器移植の場合に生じる免疫反応を拒絶反応といい、これを抑制するために免疫抑制剤が使われる。近年移植の成功率が著しく向上したのは免疫抑制剤の進歩によるところが大きい。

骨髄移植の場合、レシピエントの免疫を担当する白血球は移植の前処置である大量の抗癌剤と放射線ですべて殺されているので、免疫はドナーの骨髄が産生する白血球が担当することになる。そこでこの移植された白血球がレシピエントの身体を攻撃する「移植片対宿主病」GVHD（graft versus host disease）という病気が問題となる。骨髄移植で免疫抑制剤を用いるのはこのGVHDを防止するためである。

いずれの場合も免疫抑制剤の使用によって免疫機能が低下するため、レシピエントは身体的に無防備の状態になり、感染が生じやすくなる。とくに骨髄移植の場合に免疫機能が著しく低下するため、レシピエントはしばらく無菌室での生活を余儀なくされる。

2 腎臓移植

筆者は総合病院精神科に長く勤務し、コンサルテーション・リエゾン活動の一環として腎臓移植にかかわる機会があった。ほぼ十年間にわたってその総合病院に入院して腎移植手術を受けるすべての患者に週一回、回診して面接し、必要に応じてドナーにも会い、また移植医および病棟看護師と定期的にカンファランスをもった。そこでの知見についてはすでに発表しているが、(4)(5)(6) ここではとくにレシピエントとドナーそれぞれの心理および生体腎移植の場合の家族内力動について検討する。その中で臓器という贈り物がどのような心理から贈られるか、また受け取り手にどのような心理を惹き起こすかを考えてみたい。

腎臓の機能が著しく低下ないし廃絶した患者（腎不全患者）に対してはすでに以前から人工透析による治療が行われている。これは血液を体外に灌流し人工の膜を通すことによって老廃物を除去し、失われた腎臓の機能を代行しようとするものである。透析を受けている患者の生存期間もしだいに延長して、現在では透析歴が二五年を越える患者もいる。しかし患者は週三回、数時間ベッドに拘束され、水分摂取も制限されるなど、生活上の制約を受ける。

腎移植はこれらの困難を解消し、患者の生活の質QOL quality of lifeを向上させる治療法である。欧米と比べてわが国では死体腎の提供が少なく、生体腎移植の占める割合が高くなっている。また生体腎のほとんどが血縁者から提供されるため、移植に家族内力動が反映し、またその変化が生じる。

ここでは腎移植をめぐる患者＝レシピエントおよびドナーの心理について、また生体腎移植の場合の家族内力動について述べる。

✣透析への否定的感情と腎移植への理想化

腎移植を希望する患者の多くが、透析導入後ごく短期間のうちに腎移植を決意している。なかには透析が必要と告げられたそのときから腎移植を想定して、透析を移植までのごく一時期の仮の治療としか考えない患者もある。こういう人たちは透析を苦しいものとして否定する一方で、腎移植を理想化し、移植後の拒絶反応の可能性や免疫抑制剤の服用が不可欠であることなどを現実的に考えない場合がある。

また移植によって性機能の回復、改善を望む患者もいる。透析による性機能障害の問題はわが国ではあまりあからさまに語られていないが、アメリカでは大きな問題になっているという。筆者もわが国の男性患者の何人かから、性機能の改善への期待が腎移植を決意した理由の一つであると聞いたことがある。

こういう患者たちは腎提供という贈り物を受け取るまえからその贈り物を過大に評価していることになる。彼らのなかには移植手術後こんなはずではなかったと失望を感じ、抑うつや焦燥を呈する場合がある。そんなときに拒絶反応が生じて再び透析を行わなければならなくなると著しく不安定になり、透析に再適応することが困難な場合がある。

❖移植腎の統合過程

臓器移植ということは、もともと他者のものであった移植臓器を自己の身体の一部とするということである。つまり免疫学的に非自己である移植された臓器を、免疫反応に抗して、自己の身体に受け入れなければならない。この身体的過程と併行して、移植された臓器を自己の身体像に統合する過程が生じる。つまり「身体であり心である自己」が移植臓器を自己に統合してゆく過程が生じるのである。

移植腎についてこの統合過程を観察、研究したムスリン[7]はこの過程を①異物期、②不完全統合期、③完全統合期の三期に分けている。筆者も総合病院におけるコンサルテーション・リエゾン精神科医として何人かのレシピエントと面接した経験の中で、ほぼ同様の過程を観察した。

❖死体腎移植を受けた患者のもつ異物感

腎臓の場合は必ずしも脳死患者からでなくても心臓死した患者から提供を受けることもできる。したがって脳死患者からしか提供を受けられない心臓と違って、死体からの提供を受ける機会が多い。死体腎の提供を受けたレシピエントは、移植後一週間くらいは、移植された腎臓を「自分の腎臓」とは体験しないようである。彼らは「移植という言葉からも自分の腎臓という感じはしない。異物を移し植えるということだから」とか、「一生免疫抑制剤をのむのだから、自分の腎臓という感じはしない。ここ（と腹部を押さえて）に腎臓を置かせてもらっている感じ」と言う。なかには「死体の一部が自分の身体の中にあると思うと気持悪い」と言う患者もあった。

死体腎移植の場合、移植後一～二週間は移植腎がまだ十分機能しないので、それまでと同様、人工透析を受け続けなければならない場合がある。その間自尿はほとんど出ない（透析歴の長い患者では腎機能が廃絶して自分の尿が出なくなっている）ので、移植腎が自分の体内で働いているという証拠が見られない。だから「自分の腎臓」という実感が湧かないのであろう。しかし彼らは、移植腎をたえず気にかけ、しばしばその部位に大事そうに手をふれている。あたかも胎児を気づかう妊婦のようである。移植臓器が自己の体内にあって非自己から自己へと変わりつつあるものであるのに対し、胎児は自己の体内にあって自己から生じてきたものであるがまさに非自己へと変わりつつあるものである。

人が気づかい手をふれるのは、自己と非自己の中間にあるものに対してなのであろう。

移植腎が働き始めると、尿が再び出るようになる。移植後数日して尿道カテーテルを流れるようになった自分の尿をみつめながら、「腎臓は休みなく働いてくれているんだな」と感動しつつ言った患者もある。

❖「大切な預り物」

移植後一〜二週間すると、死体腎移植の患者からも「異物」という表現はほとんど聞かれなくなる。多くの患者が「大切な預り物」などと表現するようになる。ある中年男性のレシピエントは「移植腎のあるところに重みを感じる。そこに注意が集中する。移植腎は自分のものとも他人のものとも違う。大事なお客様という感じ」と述べた。またある女性レシピエントは「ここに高性能の機械を入れている感じ」と述べたが、しばらくすると「機械というより赤ちゃんを預っているような感じ。とても大事に大切にしなければいけないけれど、いつ裏切られるかわからない、いつ泣き出すかわからない。泣き出したら本当のお母さんに返さなくてはいけないのか」と語った。この時期、移植腎は「大切な預り物」「大事なお客様」「預っている赤ちゃん」のような、つねに特別な注意や気づかいを要するものであり、しかもまだすっかり安心することはできないもの、いつ裏切られるかわからない、いつ自己ならざるものになるかわからない、自己と非自己の中間的なものとして体験されている。こういう微妙な時期を不完全統合期という。

やがて移植腎が自己の身体像に統合されて自己のものとなると、患者はもはや移植腎を意識しなくなり、腹部にふれることもなくなる。健康な人が自分の内臓を意識しないのと同様である。

❖死体腎移植のレシピエントがもつドナーについての空想

死体腎移植を受けたレシピエントにはドナーを特定するような情報は与えられない。ドナー・レシピエント間に金銭の授受などの問題が生じるのを防ぐためであり、レシピエントの負債意識を軽減するためである。レシピエントは特定できないドナーに対しさまざまなファンタジーを発展させる。ある男性レシピエントは「この腎臓は若い人のものだと思う。だから自分は若返るかもしれない」と言う。別の中年男性のレシピエントは「この腎臓が女の人のものだったら、自分が女性っぽくなるのではないか」と言う。これらは空想として、ときには半分冗談として語られるのだが、その底には、臓器の移植によりドナーの属性（年齢、性、性格など）までが移植され、そしてレシピエントの自己同一性が変容するという原始的な思考がある。のちにふれる心臓移植ではドナーの属性が実際にレシピエントに乗り移ってくるといったことが報告されているが、腎臓移植においてはそれが空想の域にとどまっているのは、心臓が心のある場所、人格の中心と考えられてきたのに対し、腎臓がそのようには考えられてこなかったからであろうか。

ヴィルダーマン(8)は次のような例を報告している。ある黒人男性は死体腎からの移植に抵抗と躊躇を示していたが、ついに同意して移植を受けた。その後彼は移植腎が白人女性からのものだという空想を発展させ、パニックに陥った。白人から拒絶されたように移植腎からも拒絶されると予期したからである。彼は移植腎が黒人女性のものだと知らされてほっとしたという。

この例は移植腎がドナー（と思われる人物）と同一視され、その人物との関係が移植腎との間で再演されることがあることを示している。

これらの空想から、臓器が決して「商品」ではなく「贈り物」であって、贈り主の人格と深く結びついているものとみなされていること、レシピエントの体内に移植されたその贈り物がなおドナーと同一視されることがあることがわかる。

❖ドナーに対するレシピエントの感情

ほとんどのレシピエントはドナーに対して感謝の念と同時に負債意識をもつ。死体腎移植の場合、ドナーが誰であるかはレシピエントには明らかにされないが、感謝の気持からドナーのお墓まいりをしたいという人もいる。ドナーの家族へ感謝の念を伝えたいという人もいる。

一方腎提供を待つことが他者の死を望むことになるため、そこに葛藤を経験する患者もある。ある患者は適合した腎臓が出そうだと言われて入院したが、ドナーになるはずの人がすぐには死に至らず、しばらく待たされたうえいったん退院となった。その間、かなりの不安と焦燥を呈し、他人の死ぬのを待つのが苦しいと語った。

生体腎移植の場合も、レシピエントはドナーに対して感謝の念と同時に負債意識をもち、つまり恩返しをしなければいけないというような気持をもち、それが負担になる場合がある。とくに拒絶反応が生じた場合、せっかくいただいた腎臓を駄目にしてしまうことへの罪責感が生じる。ある男性患者は父親からの移植を受けたが拒絶反応が生じたため、その後あらためて死体腎の提供を受けた。そのとき彼は「死体腎の方がずっと気が楽です。駄目にしたらいけないという気持を持たずにすむから」と語った。また、父親から移植を受けた九歳の少年が、移植そのものは拒絶反応もなく順調な経過を辿っているのに、急に抑うつ的になったとして筆者が診察を依頼されたことがあった。なかなか話してくれないその子のベッドサイドに一時間近く坐りこんで、筆者はやっと以下のことを聞き出した。患者は移植後感染予防のため個室に隔離されて面会が禁止になっていたが、両親が毎日病室の窓から覗いて「おしっこ出た？」ときく。看護師も毎日尿量を確認にくる。患者は「おしっこがたくさん出ないとせっかく腎臓をくれたお父さんに悪い」と思い、尿量を増やすべく蓄尿びんに水を加えていた。それを主治医に見つかり、「そんな悪いことをする子はもうみない」とひどく叱られ、それから抑うつ的になったという。父親から移植を受けた少年の負債意識の大きさをよく示している。

このごろでは、生体腎移植がよく知られるようになり、患者が血縁者に腎提供を期待し、提供者が現れない場合に不満を抱くこともある。ある女性患者から「兄弟が大勢いるのに誰も腎臓を提供すると言ってくれなかった」という不満の声をきいたことがある。期待していた贈り物が誰からももらえなかったことへの怒りと悲しみがあったのであろう。最近では免疫抑制剤の進歩とともにＡＢＯ型不適合での移植が可能になるなど、ドナー選択の幅が広がってきているので、それにもかかわらず提供者が現れない場合に不満を感じる患者も増えるかもしれない。

移植を通してドナーとの一体感が強化される場合もある。

患者は三十代半ばの女性。子どものころ父親が不在がちで、母親が家のことを万事とりしきっていた。患者は子どものころから母親との結びつきが強く、進学、就職、結婚とすべて母に委ね、母の意見に従ってきた。結婚後も毎日のように母と電話で話していた。

患者の腎不全が悪化したとき、母親は自分の腎臓をぜひ娘（患者）に与えたいと望み、術前の心電図検査で軽度の異常が認められたので移植を断念するよう周囲から勧められたにもかかわらず、「自分は死んでもよいから」と強く移植手術を求めた。さいわい手術は成功し、母子ともに無事であった。移植手術一週間後患者は「この腎臓は母のものであり私のものです。もともと母と私は一体ですから拒絶反応なんてとても考えられません。拒絶反応が起こるということは母に私が拒否されるということですから」とやや高揚した気分の中で語った。

移植患者は手術直後に一過性に気分の軽い高揚状態を示すことがよくある。この患者の場合、高揚状態の中で母との一体感が一層高まったものと思われる。母と娘が共有する母子一体という幻想が移植という形で実演されたと言える。

その後状態が安定するにつれて患者は「尿量が増えて状態が安定してくるとかえって拒絶反応が心配になってきました。やっぱりこれ（移植腎）は母の腎臓なんだなと思います。ここ（移植腎のあるところ）がなんとなく暖かく、ここにお母さんがいるという気がします。手術後しばらくの間尿量が少なくて本当は不安でした。拒絶反応の起こる可能性を自分で否認していたのだと思います」と語るようになった。その後母親は患者に対して、「自分は病気一つしたことがないから、私の腎臓は絶対駄目にならない」と自分の腎臓であることを強調したため、患者の負債意識が助長され、抑うつが生じた時期があった。移植後も母親に「自分の腎臓」という意識が強かったこと、患者もあらためて「母の腎臓」と自覚したことが、移植腎の心理的統合過程を遅延させ、不完全統合期を長びかせたかもしれない。

次に母親との微妙な関係が移植腎を対象に再演されたかに思われる例を示す。

患者は十歳の少女で、幼児期からの慢性腎不全があり腎機能を喪失したため母親から腎移植を受けた。移植手術後数日して私が病室を訪れると、彼女は移植部位の腹部を大事そうに押さえつつ「このあたりに重味を感じる」と言う。そして膀胱に挿入されたカテーテルから流れ出てくる尿を見ていると「お母さんの腎臓が一所懸命働いてくれているなと感じる。腎臓さん頑張って！と言いたくなる」と言った。

当時筆者は腎移植にかかわり始めたばかりのころで、この少女の言葉を聞いたときには、彼女の健気な印象とあいまって非常に感動した。しかし見方によっては、この少女はすでに自己の身体の内部に存在する移植腎をいまだ自己ならざるものとして、あたかも外部の他者のもの（母親のもの）であるかのごとく認知していることになる。「お母さんの腎臓」という彼女の認知がもしいつまでも続けば、彼女は移植腎を自己の身体像に統合することができないことになる。

その後しばらくの間、彼女は尿量に過度にこだわり、泌尿器科医が求める以上に克明に尿量を記録し、他者の尿量と比較し、医師や看護師にこれでよいかどうかしばしば尋ねた。そして腹部にたえず手をふれていた。身体医学的に拒絶反応はほとんど起こらず、経過は順調であったにもかかわらず、移植腎とその機能に関する彼女の強迫的とも言えるこだわりは三カ月以上続いた。

この少女の母親はかなり強迫的で、少女の生活についてこまごまと干渉し制限することが多かった。少女と母親との情緒的関係は必ずしも円滑ではなかった。このことが移植腎の統合過程を長引かせたかもしれない。この少女はいったんは移植腎を受け入れたかに見えたが、その後身体的拒絶反応を生じ、再び透析を受けることになった。われわれはその時点での少女の反応を心配したが、彼女はむしろほっとしたかのごとく意外なほどに平静で、むしろ解放されたかのような態度であった。移植腎の喪失が母親からの解放のように体験されたのかもしれない。

レシピエントがドナーに対して必ずしも肯定的な感情を抱いていない場合、それにもかかわらず移植を受けないとよい人生が送れないという気持があって葛藤に陥ったり、ドナーに対して両価的感情をもったりして、それが矛盾した言動として現れる場合がある。

ある二十代前半の男性患者は子どものころ母親の不注意で足にケガをした経験があった。外見上はごく小さな傷だが、その傷を負ったことで母親を恨み、母親と同居しつつ、ときには母親に暴力をふるっていた。

二四歳のとき透析導入となり、医師より母親からの腎移植の可能性について話を聞いたが、母親から腎提供を受けることについて葛藤を生じ、母親に「腎臓をほしい」と言ったり、またときには「もらいたくない」と言ったりした。いったん移植を受ける決意をしてからも気持が動揺し、また動揺する自分を甘えているから鍛え直すと坊主頭になったりもした。

母親の方も、「子どものために腎臓を提供したいが、万一移植が不成功のときに親が勧めたからと責められるのが不安だ」と語っていた。患者は結局移植を受けたが、その後三十歳を過ぎても母親と同居している。この患者はおそらく母親への恨みを晴らすという心理とともに、母親からその身体の一部を提供してもらうことで一体感を得たいという欲求もあったとも考えられる。

また別のある二十代の男性患者は、それまで疎遠であった父親から腎提供を受けたが、「父は今まで父親らしいことを何一つしてくれなかった。その罪ほろぼしに腎臓をくれただけだ」と語り、手術後の生活管理に無関心で免疫抑制剤の服用も不規則で、結局拒絶反応が生じて腎摘出に至った。父親に拒絶されていたという体験が移植腎との間で再演されたかのごとくであった。

移植によってドナーの性格を受け継ぐのではないかなどと、自己同一性感覚への影響を語る患者もいる。ある中年男性患者は母親から移植を受けて、「自分は神経質だが、母は太っ腹な性格、母の性格をもらえるといい」と語った。

ドナーが異性の場合には、レシピエントに性同一性感覚の不安が生じる場合がある。死体腎移植でドナーが女性であると空想して「女性っぽくなるのでは」と述べた男性例についてはすでに述べたが、母親からの移植を受けたある若い男性も「自分が女っぽくなるのではないかと心配だ」と語った。女性患者ではドナーが男性だと男っぽくなるのではないかという不安を訴えた例は経験していない。入院とか手術といった受動的、被侵襲的体験が男性の女性化恐怖を刺激するのかもしれない。

❖ドナーの心理

家族が生体腎移植のドナーになる決意をする場合、患者への愛情が基本にあることが多いが、なかには必ずしも愛情ばかりではなく、さまざまな感情が存在する場合がある。贈り物の背後には複雑な気持があるものである。

(1)罪責感と贖罪意識

家族の中に病人がでると、家族とくに母親は罪責感をもちやすい。たとえば自分の不注意で子どもが病気になったのではないか、育て方が悪かったのではないか、自分に流れている悪い血のせいではないかなどと自分を責める。そしてその償いとしてドナーになる決意をする場合がある。

また母親が、夫や親戚や医師から悪い母親であると責められて（責められると感じて）、よい母親であることを証明しようとして腎提供を決意することもある。

(2)自己愛的万能感

子どもが病気になると、「よい子のよい母親」という母親の自己像が傷つき、それを回復しようという気持からドナーになろうとする場合もある。なかには自分だけがこの子を救ってやれるのだという、ある種の自己愛的万能感が潜んでいる場合もある。子どもの苦痛をあたかも自分の苦痛のように体験する母親もある。たとえば子どもが透析の針を刺されているのを見ると、自分が刺されるようで耐えられないから、腎臓を提供することによって子どもの苦痛、ひいては自分の苦痛を解消したいと語った母親もある。このような場合、移植によってドナーとレシピエントの間の一体感が強化され、一時的な気分の高揚と拒絶反応の不安の否認が生じる。

(3)犠牲感や被害感

家族の中に積極的にドナーになろうとする人が現れず、ドナーを見つけることがその家族の中の有力者に委ねられる場合がある。そうなると、家族の中のいわば厄介者視されている人、あるいは発言権の弱い人に臓器提供するよう圧力がかかる場合がある。もし提供を拒めば、その人はそれまで以上に家族から排除されることになる。兄への腎提供の予定ですでに入院していた中年男性と面接したことがあるが、どうも腎提供の意志がはっきりしないように感じられたので詳しく話を聞くと、実は彼には軽度だが知的障害があり、ドナーになることの意味を十分理解しないまま、親戚から言われるままに入院していたことが明らかになり、移植を中止したことがある。

自ら望んでドナーになりながら、しかし一方で犠牲感や被害感をもつ家族もある。家族はすでに患者の看病、介護にかなり負担を強いられている。そういう家族はたとえ自ら決意したとはいえ、なぜ自分の腎臓をとられなければならないのかという気持をもつ場合がある。とくに家族内のスケープ・ゴート的にドナーにさせられた、あるいは少なくともそういう気持のある場合に被害感が強くなる。こういうドナーは、腎提供を申し出つつ、一方ひそかにレシピエントに怒りを向け、両者の関係は緊張したものになる。ドナーにならなかった家族にもさまざまな感情が生じ、家族内の緊張が高まる場合がある。

(4)術後の身体脆弱感、身体毀損感

手術前はドナーが腎臓を提供するという愛他的行為が周囲から注目されるが、手術後は移植された腎臓が生着するかどうか、レシピエントがどういう経過を辿るかに注目が集まり、ドナーへの関心は薄らぐ。こういう注目の変化に対してドナーが手術後ブルー、つまり憂うつを経験することがある。またドナーが腎臓を摘出されたことで身体が弱くなったのではないか、自分が傷物になったのではないかという身体脆弱感や身体毀損感をもって心気的になり、さまざまな身体症状を訴えることがある。またそういう自分に周囲が関心をもってくれないことに不満をもつ場合がある。

(5)移植臓器を自分のものとする考えの持続

臓器を提供し、それがすでにレシピエントの体内に入っているにもかかわらず、その臓器は依然として自分のものであるという感覚、あるいは考えをドナーの側がもち続ける場合がある。移植臓器があたかも自分の人格の一部であるかのごとく感じ続けるのである。こういうドナーは移植された腎臓に対していつまでも「私の腎臓」という意識をもち続け、「私の腎臓は丈夫だから、レシピエントが病気になるはずはない」と言ったりする。このようなドナーの態度はレシピエントが移植腎を自己の身体像に統合することに対して妨げとなる。またこういうドナーはもし移植腎に拒絶反応が生じると、自分自身が拒絶されたり価値を毀損されたかのように感じ、自分の腎臓を「駄目にした」レシピエントに対し怒りを抱く場合がある。それがレシピエントの罪責感を刺激することもある。

こういうことから、移植腎がドナーにとって自分の人格の一部と感じられていること、つまり「商品」ではなく「贈り物」であることがわかる。

3　心臓移植

心臓移植の場合レシピエントがこうむる自己同一性感覚の変容は腎移植の場合とは比較にならぬほど大きいようである。その変容は空想の域にとどまらず現実化することがあると言われている。[9]河合隼雄が梅原猛との対談の中で紹介している一例を示す。

患者は五十歳代の女性。心臓移植を受けて元気になったが、むちゃくちゃにバイクに乗りたくなり、バイクを乗り回して暴走族のようなことをする。移植を受けるまではそんなことはまったくなかったので、バイクを乗り回す自分に堪えられなくなって心理療法を受けるようになった。後でわかったことは、ドナーがバイクを乗り回していた若者だったということである。

もちろんレシピエントはドナーについては何も知らなかった。

これが事実とすると近代医学の常識が破られることになる。彼女の心理療法を担当した治療者がテレビでその話をしたところ、心臓はポンプであって、ポンプを入れ替えるだけでそんなことが起こるはずはないと、相当抗議がきたという。筆者自身も抗議をしたい気持がしている。しかし従来の理論に合わない現象は起こり得ないとすることは決して科学的態度とは言えないであろう。筆者自身は心臓移植にかかわった経験がないので、このような報告に対してはいまだ半信半疑の気持であるが、少なくとも頭から否定するようなことはせず、今後の研究を見守ってゆきたいと思っている。ここでは岸本寛史の引用によりかかりつつ[10]、ユング派の分析家ボスナックのあげている例を紹介する[11]。

❖「私は移植片だ」

ボスナックは心臓移植を受けた七人の患者と面接し、何人かの患者がある時期「私は移植片だ」I am a transplant. と言うのを聞いて印象に残ったと述べている。患者は自分に臓器が移植されたというより、その臓器を自分と見なしていることになる。

ボスナックはまた、心臓移植を受けたある男性が、移植後集中治療室にいる間に見た夢を紹介している。

患者はその夢についてこう述べている。

「死ぬと魂は誰か他人の体に入るのです。私が他人の身体で目覚めると、私の回りのすべてがまったく奇妙で眩しく色鮮かでした。移植の全経過で一番恐ろしい瞬間でした。途方もない恐怖を感じました」。

この夢はドナーの観点、移植された心臓の観点から体験されている。患者は夢の中でドナーの心臓と同一化し、移植の瞬間を冥界からこの世に生まれ出るように体験して非常な恐怖を体験している。

ボスナックのあげている例をもう一例紹介する。

❖「おまえは生きているべきではない」

患者は心臓移植を受けた後子どもを出産した女性である。移植後四年以上経過していた。彼女はドナーについて何も知らなかったが、ドナーは小さい子どもをもつ母親だと確信していて、その両親に御礼を言いたいと述べていた。彼女がそう思ったのは、覚醒時に次のようなイメージを見たからである。

「小さい子どもを連れた男女。女性は人工呼吸器に繋がれていて、そばに彼女の両親もいます。彼女は私に近寄ってきますが、顔も足もなく、私のすぐ近くで消えてしまいます」。

彼女はこの女性をドナーと思ったのである。しかしやがてそのイメージは暗いものになる。「黒い幽霊たちが私を脅す。彼らは凶器をもっていてだんだん近づいてくるので、夫を起こすと彼らは消えてしまう。彼らは戸口から入ってきて私のベッドの上に立ち、まるで、そこは私のいるべきところではない、おまえは生きるべきではなかった、とでも私に言おうとしているかのようです。(中略)黒い幽霊を見るといつも震えてしまいます。それはいつも空中に浮かんでいて、娘(移植後に妊娠し生まれた娘)の部屋から出てきて廊下を横切ってくるのです。黒い幽霊は娘が生まれてくるべきではなかったと思っているのでしょう。だからまず娘の寝室に行くのだと思います。私はとび起きて娘の寝室に駆け込んだものです。でも娘はいつも静かに眠っていました。それからその幽霊は見る間に私の部屋のドアまでやってきて、ドアからベッドまではゆっくり進み、そしてベッドの上に上がるのです。夫は一度も見たことがないと言うのですが」。

患者は、その幽霊が、そこはおまえのいるところではない、おまえは生きるべきではなかった、と言っているように感じていた。ドナーに感謝すると同時に、どこかでドナーの死を願っていたのではないかという気持、生きたいという思いと、生きるべきではなかったという後悔、この葛藤が幽霊を生み出したのではないかとボスナックは言う。そしてさらに、患者を死から蘇生させて冥界の王の逆鱗にふれたギリシャ神話の中の医師アスクレピオスを引き合いに出し、患者も自分の行き過ぎに対する冥界の激怒を体験しているのではないかと述べている。命の贈り物を受けとることは人間に許されないことなのかもしれないと、この夢は思わせる。

✣クレア・シルヴィア

もう一例クレア・シルヴィアという女性例を紹介する。この例はボスナックも紹介しているが、自ら書いた手記[12]によってよく知られている。

ダンサーで振りつけ師のシルヴィアは幼ないころから心臓に問題があったが、成人して子どもも生まれた後に、四五歳のときに原発性肺高血圧症という重い病気にかかり、心臓と肺の同時移植手術を受けて一命をとりとめた。手術後数日後には自転車にまたがってリハビリに取り組めるほどに回復したが、すぐに自分の心と身体に変化が生じているのに気づいた。手術後の記者会見で、今一番したいことは何かと尋ねられて「すごくビールが飲みたい」と答え、その答に自分で驚いてしまった。それまで彼女はビールなど好きだったためしがなかったからである。同じような嗜好の変化はその後も続いた。大嫌いだったピーマンが好きになり、自動車の運転が許可されると、すぐにそれまで行ったことのなかったファストフード店に乗り入れてフライドチキンを注文した。変化はこれにとどまらず、それまでにないくらい活動意欲がわき、片時もじっとしていられないほどになった。

シルヴィアはドナーの身許探しに乗り出すが、一方で心臓移植患者たちの集いを結成し、そこでそのメンバーたちが多かれ少なかれ彼女と似たような経験をもっているのに気づいた。彼らにとって臓器を移植されるということは、自分のアイデンティティに変化が生じるのみならず、移植された臓器のアイデンティティをわがものとすることなのである。

シルヴィアはドナーを突き止めその家族に会いにゆくのだが、そこで彼女とドナーの遺族がすることは、彼女の嗜好と行動がいかにドナーであった少年の生前のそれと同じかを見つけ出そうとすることのみであって、シルヴィアとドナーが別の人格であることを示す相違点には目が向かないのである。遺族は最初はシルヴィアに感謝を示すが、後に彼女に怒りをぶつける。彼女はそれを乗り越えた。この体験を通して彼女はドナーの少年についての理解を深め、新しい生を生きることになった。

心臓移植においては古い心臓は死に、新しい心臓が生きる。ドナーは死に、レシピエントが生きる。心臓移植においてはこの内的な葛藤を体験することこそ不可欠で本質的なことであるとボスナックは言っている。

4　骨髄移植

岸本寛史(13)があげている骨髄移植を受けた中年女性の「夢」を紹介する。

急性白血病のために入院したこの中年女性は、入院直後、こんな夢を見た。

「小さな白い光が顔の左上方の辺りにもやもやして、だんだん大きくなってくる。それを見て、この白い光が私を救ってくれると思った」。

岸本は、急性白血病の患者の多くが、入院時に、死に関連した怖いイメージを見ることが多いと経験的に知っていて、この救済の光のイメージが深く心に残ったという。

このときの治療は順調で患者はいったん退院したが、翌年骨髄移植のために再入院した。術前の約一週間、大量の抗癌剤の投与による嘔吐が出現し、患者は不眠となり、さらに手術の四日前夕方から幻覚妄想状態となり、夫が付き添った。

骨髄移植当日、岸本が無菌室にいる患者のところに行くと、彼女はこう語った。

「昨日は一日中夢うつつで、夢だか現実だかわからないくらい。先生は存在感がなくて声だけ聞こえた。右手に注射器、左手に点滴を持つ。先生に注射、注射……、点滴、点滴……、と繰り返し言われるので、注射持ってる、点滴あるよと言って右往左往。皆に挨拶して出かける。流れがあってそれに逆らえなくて流されていく。高い岩場から落ちている滝を見ればいい、と言う声がするのだけれど見えない。そのうち天国の入り口に来たけれど追い返されて、今度は鍾乳洞のような所を進んで行く。私は胃か腸の中のように思ったんだけれど。赤と白の縦縞が二本、交互に並んで壁のようになっている。その間を、あっちじゃない、こっちじゃないと言いながら、薬、薬、薬……、飲んだ、飲んだ、飲んだ……、と答えながら進んで行く。途中に天井の高い広場に出て、明るい光の中に人形があって、よく見るとお釈迦様のように見える。その顔を描けと言われるけど描けない。点滴、点滴と繰り返す先生の声がずっと聞こえている。今度は弟（骨髄提供者）の出口に行って、弟を待ち、そこで白血球を受け取ればいいと思う。すぐ側に半円のドームがあって、そのふもとは地獄。そこに連れて行かれそうになったけど、嫌、生きなくちゃならないから、と言う。川のこっち側で先生や看護婦さんがこっちにおいでと言ってくれる。……自分を見つめろ、という声がするが、どうすればいいかわからないと言うと、仕方がないなあ、こうやってやるんだよ、と空に星がキラキラ光っているイメージで怒った顔や笑った顔やいろいろな顔が見える。そのうち観音というか仏様というかそんな茶色の像が出てきて、パーッと光を放って合掌している。そういう夢を見ていた」。

これ以後患者は安定し、やがて退院した。

岸本はこの患者の体験内容がムーディの報告している臨死体験の内容と重なる部分が多いと指摘している。すなわち、暗いトンネル、他者との出会い、光との出会い、生と死の境界線との出会いがそうだと言う。この点から岸本は、患者が移植当日「死の体験をしたとみることが可能である」とし、これ以後骨髄移植を「死と新生」の観点からとらえるようになったと述べている。骨髄という贈り物を受け取るには「死」を体験しなければならないのであろうか。

免疫学的に言えば、骨髄移植においてはレシピエントの免疫を担当してきたレシピエント自身の骨髄と白血球は破壊され、移植されたドナーの骨髄が産生する白血球がレシピエントの免疫を担当することになる。つまりもともと他者であったドナーの白血球がレシピエントの体内に入り、自らこそが自己であるとして今や他者となったレシピエントの身体を攻撃することになる。まさしく今までの自己は死に新しい自己が生まれるのである。この免疫学的変化と患者の夢の体験内容が対応しているかのように見えることはきわめて興味深い。

5　命の贈り物——生きるとはどういうことか

以上見てきたように、臓器移植はまさしく「命の贈り物」である。臓器を贈られる人＝レシピエントはその臓器を贈られることによって生命を保つことが可能になる。その贈り物がなければ生命を失うわけであるから（腎臓の場合は人工透析という方法が残されているが）、文字通り「命」を贈られるのである。臓器を贈る人＝ドナーも、生体移植の場合、健康な自己の身体に全身麻酔下でメスを入れられ臓器を摘出されるわけで、その過程で生命の危険がまったくないわけではない。もちろん現代医学のもとでは臓器摘出による死の危険はきわめて小さいとはいえ、少なくとも心理的にはドナーは「命の危険を冒して」手術を受けることになる。そして身体の一部を提供するわけであるから、自らの命の一部を贈るといってよいであろう。また死体からの移植の場合は提供者の生命が失われてはじめて移植が可能になる。つまり生体からであれ死体からであれ、ドナーの犠牲の上にはじめて移植が可能になる。臓器移植は他者の犠牲のうえにその他者の臓器をわがものにすることであり、ある意味で食人のタブーを犯していることになる。鷲田小彌太[14]は、食人のタブーを守ることにより人間ははじめて本当の意味で人間になったのだから、そのタブーを超えてはならないという視点から臓器移植に反対している。一方岸本は、われわれ一人ひとりが、動物であれ植物であれ他の生命を殺すことによって生きていると指摘し、移植によって生き延びようとする患者を非難することはできないとし、「移植患者たちは『殺すことによって生きる』という存在の本質にかかわる問題を、われわれに代って悩んでいるとすら思えるのだ」と述べている。(15) たしかに人間といわずすべての動物は他の生命を殺すことによって生きているのだから、臓器を提供されて生き延びることも生命の自然な営みの延長線上にあることかもしれない。生きるとは他の生命からの命の贈り物を不断に受け取るということなのであろう。そして一つの生命にとって他の生命に命を贈ることこそが究極の存在理由なのかもしれないと思う。それによって生命は「個」を超えて存続するのであろう。

移植臓器が贈り物であることは、移植に伴ってドナーの属性がレシピエントに伝わるということによく示されている。腎臓移植の場合は、レシピエントはドナーの属性が自分に移ってくると空想する。ドナーの死が不可欠である心臓移植の場合には、ドナーの属性が直接レシピエントに伝えられる、つまりドナーがレシピエントに乗り移ったかに見えることがあると報告されている。骨髄移植においてはそれまでの自己は死に新しい自己が生まれるといった体験が生じるようである。モースが言うように、提供者の人格を宿した品が贈り物であるとすると、移植臓器はドナーにとってもレシピエントにとってもまさしく贈り物である。臓器を交換可能な商品と見る近代医学によって臓器移植が可能になったのだが、それにもかかわらず臓器は贈り物としての性質を失わないのである。そしてその贈り物を受け取ることによって、受け取り手《レシピエント》は自己同一性感覚の変容を体験する。免疫学的に見ると、臓器移植はドナーの一部である移植臓器を、つまりレシピエントにとっては非自己である移植臓器を自己の内に受け入れ、自己に統合するという課題を含んでいる（骨髄移植の場合には自己と非自己がある意味で逆転する）。レシピエントはその意味でも自己同一性の問題に直面することになる。つまり心理学的にも免疫学的にも「私とは何か」という根本的問題に直面しなければならなくなるのである。

第V章　社会のなかの贈り物

人びとはどの時代、どの文化においても、日々の生活のなかで互いに贈り物を贈ったり贈られたりしてきた。贈答文化はどの文化、民族にもみられる普遍的現象であり、従来から文化人類学や社会学のなかで研究されてきた。ここではそれらの諸研究を紹介し、さらに日本社会のなかでの贈り物を義理と人情という観点から分析した研究を紹介する。

1　文化人類学的研究

文化人類学は特定の社会のなかで、とくに未開あるいは太古の社会のなかで、贈り物がなぜ、どのように行われるかを研究してきた。そのうちのいくつかを紹介しておこう。

❖マリノフスキー

マリノフスキー[1]はトリブリアンド諸島における「クラ」と呼ばれる儀礼的贈答交換の制度について報告している。クラとは遠征用のカヌーを用いて、時計回りに航海するときはスーラヴァと呼ばれる赤貝の首飾りを、反時計回りに航海するときはムワリと呼ばれる白貝の腕環を携行し、到着地において首飾りは腕環と、腕環は首飾りと交換されるという儀礼的贈答交換のことをいう。この儀礼的贈答交換からマリノフスキーは、贈与・交換の特質が「互酬性の原理」に基いていること、またこの互酬的贈与、交換の行為が社会関係の形成、維持、強化に、あるいは対立の解決に重要な役割を果たしていることを指摘した。

❖モースの『贈与論』

モース[2]は、未開あるいは太古の社会において贈り物を受けた場合にその返礼を義務づける法的、経済的規則はいかなるものであるか、贈り物にはいかなる力があって受贈者にその返礼をなさしめるかを研究し、『贈与論』を著した。そのなかでモースはクラにふれて、マリノフスキーはクラという用語の解説をしていないが、それはおそらく環という意味であろうと言い、「実際それは、これらの部族、海上遠征、貴重品、日用品、食物、儀礼、一切の儀式的あるいは性的な奉仕、男女のすべてが、あたかも一つの環のなかに巻き込まれ、この環の周辺にそって時間的にも空間的にも規則正しい運動を続けているようにみえる」と述べている。

モースはさらにクラとギムワリを区別している。クラ交易は外見上は私心を差しはさまず、控え目に、貴族的な態度で行われる。これに対してギムワリは有用品の単純な経済的交換であって、市において行われ、両当事者が執拗に値切り合う点でクラと区別される。クラにはこのようなことはふさわしくないとされている。クラにおいては贈与はきわめて儀式的な形態を伴う。もらった物は軽蔑されるかあるいは警戒の目でみられる。贈る方も極端に控え目な態度を装う。儀式的にほら貝の音とともに贈り物が運びこまれると、贈り手はただ残り物を贈るにすぎないとわびを言い、贈るべき物を相手方の足下に投げる。しかし口上役が登場して引き渡しの儀式が宣せられると、人びとはその気前のよさ、度量の大きさを讃える。

この制度は神話的、呪術的、宗教的性質をもっている。ムワリとスーラヴァはヴァイグラと称せられる貨幣の一種であるが、単なる貨幣以上のものである。それはもっとも貴重でかつ渇望されるものであり、それぞれ名前、個性、来歴、さらに伝説までもつことがある。ヴァイグラをもつ者は自然に笑いを催し、元気づけられ、心の落着きを得ることができる。それにふれるだけで効験が伝わってくる。人々はヴァイグラを死に瀕している病人の額や胸にあてたり、腹をさすったり、鼻のまえでぶらぶらさせてみせたりする。このようなことが病人にこの上ない慰めとなるという。

しかしそればかりでなく、契約自体にこのヴァイグラの性質が感じられる。腕環や首飾りだけでなく、あらゆる財産、装飾品、武器、さらに相手方に属する一切のものは、個々の霊によるものではないにしても、少なくとも感情でもって強く活気づけられているので、みずからもまた契約に加わる。

もう一つの象徴的な表現は女性を象徴する腕環と男性を象徴する首飾りとの結合の表現であって、それは男性と女性との間のように相互に引き付け合うとされている。

❖ポトラッチ

モースはさらに、北西部アメリカのトリニダト族やハイダ族にみられるポトラッチと呼ばれる饗宴について報告している。ポトラッチとは本来「食物を供給する」とか「消費する」という意味である。これらの部族は裕福であって、冬の間、絶え間のない祭礼——饗宴、定期市、取引、儀礼的な集会——のなかですごす。そしてそれらすべての活動に競争と敵対の原則が支配している。モースはこれを競覇型の全体的給付と称している。

このポトラッチにおいては、食べきれないほどの食物が用意され、要求されれば毛皮や毛布、ときにはカヌーまでもが客に贈り物として与えられ、また家の紋章を示す家宝の銅までが客の前で潰されたりする。このように圧倒的な贈り物をすることによって、贈り手は自分がいかに気前のよい男であるかを人びとの前で示すのである。これらの贈り物をもらった側は、それに相応する贈り物を返さなければならない。もしこの返礼の義務を果たさないと相手の奴隷の身分に落されることもあるという。このように一見無駄な消費と思われる贈り物をすることによって、部族の有力者は気前がよいという評判を得る。いわゆる「名誉の貨幣」を得るのだという。

✣ハウ

さらにモースはマオリ族の慣習を報告し、贈られた物に霊が伴うことを報告している。マオリ族においては、もらったり交換されたりした贈り物が返礼をするように人を義務づける。これは贈られた物が命なきものではなく、贈与者の手を離れた場合ですらなお彼の一部を構成しているからである。こういう物の霊はマナあるいはハウと呼ばれる。これによって贈与者は贈り物（タオンガ）を受け取った人に対して影響力をもつ。なぜならタオンガはその森や土地や産地のハウを宿しているからであり、本当に「その土地本来のもの」だからである。ハウは最初の受贈者ばかりかさらにタオンガを単に引き渡されたにすぎない一切の者を追求する。ハウはその古巣、森や氏族の聖所やその所有者のもとへ帰りたがる。タオンガあるいはそのハウは、それを受け取った者が同等あるいはそれ以上のもののお返しをしないかぎり彼らにつきまとうが、ひとたび返礼がなされると、今度はその贈与者が、最後の受贈者となった最初の贈与者に対して権威と力を行使するようになる。モースはこういうことがサモア島やニュージーランドにおいて富や貢納物や贈り物の義務的循環を支配する主要概念であると述べている。

モースはそこで二つのシステムが明らかになるとしている。一つは、物の移転によって法的紐帯が生じるが、マオリの法においては物そのものが霊をもち霊に従属している以上、物を通じて霊と霊との紐帯が生じる。二つには、お返しの義務が生じる理由が理解される。つまり贈り物は他の者の本性や内容の一部にほかならず、もらった人はお返しをしなければならない。誰かから何かをもらうということはその者の霊の一部をもらうことであるから、そのようなものを保持し続けることは危険であって生命にかかわるかもしれない。贈られた物は命を付与され、個性すらも与えられており、その古巣に帰りたがるか、あるいはその物を産んだ氏族や土地のために自分の代りをなす他の等価物をもたらそうとするのだという。そして返礼の義務が遵守されないと、タオンガはその者を殺害する力をもっているという。

モースは全体給付組織とポトラッチ制度には三つの義務があるという。贈り物を与える義務、それを受ける義務、そしてお返しの義務である。与えることを拒絶したりあるいは招待することを怠ること、またそれを受けることを拒絶することは親交と協同を拒否することであり、戦いを宣することに等しい。このような一つの制度、一定の精神状態のもとでは、食物、婦女、子ども、財産、護符、土地、労働、奉仕、宗教的職務、位階のすべてのものは譲渡され、返還される物体である。人と物とを包摂する霊的な物体の恒常的な交換が位階や性や世代に分かれた諸個人および諸民族との間に存在するのであり、すべてのものが往ったり来たりするのである。

✣人に対する贈り物と神に対する贈り物

モースはさらに人に対する贈与と神に対する贈与について述べている。人びとにとって死者の霊や神々と交換することが必要であり、交換しないことは危険であった。しかし反対に彼らと交換することは容易であり安全であった。供儀の破壊の目的はまさしく贈与であり、これには必ずお返しがある。

人びとがその奴隷を殺害し、高価な油を燃やし、油に銅板を投じ、また豪奢な家屋に火を放つのは、単に権力や富や無私無欲を誇示するわけではなく、精霊や神に供儀を捧げることであり、人と神との間に平和をもたらすことが目的であった。

モースはオッセンブリッゲンを引用している。オッセンブリッゲンは中国において婚姻の行列から金銭が投ぜられることも、花婿あるいはその親族から花嫁あるいはその親族に金品が支払われることも、同様に解釈しうると言っている。

わが国においても婚礼の日に近所の人たちに菓子を投げることが行われたり、花婿側が花嫁側に結納をおさめるといった風習があるが、これも本来は神々への捧げものであったのであろう。

ここに喜捨ということが始まる。モースはハウサ族の例をあげている。ハウサ族においてはあずきもろこしが熟するときに熱病が蔓延することがよくある。その蔓延を防ぐ唯一の方法はそのもろこしを貧しき者に与えることである。喜捨は一方においては贈与および財産についての道徳の観念と、他方供儀の観念との所産である。それは古代の贈与の原則が正義の原則となるということであり、神や霊魂は、無駄な供儀においてみずからに捧げられ、捨てられた物が貧しき者や子どもに役立たせられることに同意するということである。

✣贈与が交換のはじまり

さらにモースは、物々交換ということが現代における売買の出発点とされ経済の始原の形態とされているが、物々交換ということは実際には存在しなかったのだと言う。出発点となり始原となるのは贈り物の提供、受容、返礼の制度であり、贈り物に宿る霊といった宗教的観念がこの制度を義務的なものにしている。つまり交換の原型は贈与であり、その贈与はハウといった観念により継続されるのだと言う。つまり贈与が当事者の人格を関与させ、社会関係の樹立や再確認に寄与する一方で、物々交換に代表される一般交換は人格や関係性を介在させないというわけである。

そして贈り物は、市場原理の支配する現代の資本主義社会においても今なお生活の中で行われている。竹沢尚一郎(3)は、「欲得づくの交換が支配的である現代社会に『贈与のもつ喜び』や『客を迎えることや祭礼の楽しみ』を復権させようとしたモースの訴えが正当性をもつことは理解できる」と述べている。また山崎カヲル(4)は「『贈与論』は資本主義批判の書物として読まれる必要がある」と指摘している。

2 社会学的研究

次に社会学的研究を紹介する。文化人類学がどちらかというと未開の、あるいは太古の文化、社会を研究するのに対し、社会学は現代社会のなかで行われている社会的行為を調査、研究し、そこから社会組織の法則、原理そしてその歴史を明らかにしようとする。ただし文化人類学と社会学は隣接した学問であり、必ずしも明確に区分されるわけではない。ここでは贈り物についてのブラウとグレゴリーの研究を紹介する。

❖ブラウの社会的交換論

ブラウは社会的交換と経済的交換を区別した。[(5)] ブラウによれば、社会的交換とは「他者が返すと期待されるところの、典型的にいえば実際に返すところの返礼によって動機づけられた、諸個人の自発的行為のことである」。そして社会的交換と経済的交換の差異は、経済的取り引きの原型は交換されるべき正確な量を明記する公式の契約によっているが、それに対して社会的交換においては、ある個人が他者に好意を示す場合、なんらかの将来のお返しの一般的期待はあるけれども、その正確な性質はあらかじめ確定的に明記されていないことにある。つまりお返しの性質はお返しをする人の裁量にまかされていて、適正なお返しを保証し確実にする方法はないから、社会的交換は他者の義務履行への信頼を必要とする。受け取り手の方は自分が信頼に値することを証明するために、とにかく受けたサービスに対してお返しの義務を履行する。このようにして相互のサービスが拡張すれば相互の信頼も増大する。つまり社会的交換の過程は純粋なセルフ・インタレストに発したものであっても、交換が反復的にしだいに拡張することによって、社会的関係のなかに信頼を発生させる。このように社会的交換のみが個人的義務、感謝、信頼の感情を引き起こすという。

さらにブラウは、贈り物をして好意を示すことは相手への信頼のしるしであり、相手の返礼はこの信頼が正当であることを認めたしるしであると言う。必要なときにある個人へ贈り物をしたり招待したりすることを拒むのは相手への不信を意味し、それらを受けるのを拒むことも同様に相手への不信を意味する。そして単純な社会では、不信は敵意の等価物となる。贈り物や好意の申し出は友好的になることへの招待であり、それに対して返礼をすることは永続的友情の出発点とみなしうる。もし返礼をしなければ義務をきちんと履行しない人間だという悪評が地域社会に広がって信用と信頼が失われ、ついには今後の交換から除外され、社会的地位の失墜が起こる。

贈り物は友情と社会的絆のしるしであって、物としての価値への関心をあらわす必要はない。また、贈り物の交換においてあからさまな交渉をすることはタブーである。友情のしるしとしての贈り物の意義は物自体の固有な価値とは別物である。したがって社会的交換は有利性の徹底的な打算と、愛の純粋な表現との中間にある。

また他者に価値のある贈り物をしたり、重要なサービスを提供する人は、自分に対する義務を彼らに負わせることによって優位の地位を要求する。もし相手が義務を履行し返礼をすれば、最初の贈与者の優位性への要求は否定される。そしてもし相手のお返しが上回れば、逆にお返しをした人がはじめの贈与者に対して優位に立つことになる。このように互酬性が守られないときには、交換関係にある両当事者間にある種の社会的地位の勾配が生じる、とブラウは述べている。

ブラウの言うところは生活の中で贈り物のもつ役割や機能をよく説明している。

❖グレゴリーの贈与交換論

ブラウが経済的交換と対比することによって社会的交換のメカニズムを明らかにしようとしたのに対し、グレゴリー(6)は商品交換と対比して贈与交換のメカニズムを分析した。

現代産業社会では贈与経済は市場経済のなかに埋めこまれているが、商品が固定した市場価格をもつのに対して、贈り物は商品のように単一の市場価格をもたずに象徴的価値をもち続ける。グレゴリーはこうした贈与経済の側面に注目して、これを商品交換と対比させることによって、贈与交換の特徴を抽出しようとした。その主要な点を伊藤幹治(7)は次のように整理している。

その一つは、商品交換がやりとりされる財と財の関係を設定しているのに対し、贈与交換は財をやりとりする当事者間の関係を設定するということである。グレゴリーが強調しているのは、贈与交換の場合、当事者が求めているのは交換過程で創出される双方の人格的関係であって、やりとりされる財それ自体ではないということである。この点はブラウの社会的交換論と共通している。

第III章で患者からの贈り物について論じたとき、患者からの贈り物を医師あるいは精神療法家である筆者が謝絶すると患者が傷つく場合が多いと述べたが、これはおそらく、患者が社会的交換あるいは贈与交換として贈り物をするのに対し、医師がそれを経済的交換あるいは商品交換とみなして断るからであろうと思われる。つまり患者は贈り物をすることによって医師との人格的関係、好意や信頼に基礎を置いた関係の確立を求めているのに、医師はそれを、医療行為についてはすでに報酬を得ているという理由で断るのだが、そのことが患者には、人格的関係、好意や信頼に基礎を置いた関係を拒絶されたと体験されるからであろう。

グレゴリーがとりあげているもう一つの点は、商品交換が客体（財）間の量的な交換関係を設定するのに対して、贈与交換は主体（当事者）間に質的な交換関係を設定するという点である。商品交換の場合は交換される商品と商品のあいだに量的な交換関係が成立するのに対し、贈り物のやりとりの場合はやりとりをする両当事者の間に義務が創出され、両当事者の間に質的な交換関係が成り立つ。

もう一つは、商品交換がある時点で異なったものの均等性を生むのに対して、贈与交換は異なった時点で似たものの均等性を生む、ということである。この二つの点は、交換の空間的側面と時間的側面をめぐる議論のなかで指摘されているが、そこで強調されているのは、交換が贈与の形をとるか商品の形をとるかを決定するのは交換されるものの本来の属性によるわけではない、ということである。

最後の一つは、商品交換と贈与交換の違いはそれが価値にかかわるか格付けにかかわるか、という点である。つまり、異なるものを交換する商品交換はやりとりされる客体間に均等な関係を生むが、似たものを交換する贈与交換はやりとりする当事者間に不均等な関係を生む。商品交換では、そこに価値の法則が働くために、異なったものが等価として扱われるが、贈与交換では寄贈者が優位になるので、当事者間に不均等な関係が成立する。

伊藤は以上のようにグレゴリーの贈与交換論のあらすじを示した上で、グレゴリーの理論も、ブラウの社会的交換論と同じように、交換という相互作用をとおして創出される当事者間の人格的関係に焦点をすえたものであるとしている。そして「贈与交換は単なるもののやりとりではない。ものを媒介としての贈り手と受け手のコミュニケーションである。ものを贈る側も受けとる側も、好意や信頼に根ざした人格的関係によって結ばれ、双方のあいだには、互酬性の原理もしくは互酬性の規範によって、返済の期待や返済の義務が生じる。贈り手は受け手に返済を期待し、受け手は贈り手に返済の義務を負う。こうした交換当事者双方の思惑や感情が錯綜する結果、贈与交換の生活はますます複雑になっている」と述べている。

3　日本社会のなかの贈り物

ここまで未開や太古の社会での贈り物についての文化人類学的研究、また現代社会一般での贈り物についての社会学的研究を紹介してきた。ここでは日本社会のなかでの贈り物について主に日本の研究者の研究を紹介する。

❖民俗学的研究――「共食モデル」

民俗学とは民間伝承を素材として民衆の間に行われている風習、風俗を調査、研究し、民俗社会、民俗文化の発生、変遷を明らかにしようとする学問で、日本では柳田國男、折口信夫らにより基礎づけられた。

贈答の研究は民俗学の研究分野の一つであった。伊藤幹治(8)によるとそのほとんどは年中行事や通過儀礼における贈与と返礼の記述に終始していた。

以下伊藤にしたがって、民俗学研究のいくつかを紹介する。

柳田國男(9)は日本人の贈答の中で食物が重視されていることに注目し、とくにハレの日に食物をやりとりすることが多いとした。たしかに農村の年中行事や通過儀礼の際に贈られるものには食物が多いし、中元や歳暮にも食物が贈答品の中心になっている。柳田は、こうした日本人の食物重視が、変わった食物を共同飲食するという思想に根ざしていると考えた。そして、日本人の社交生活は酒飯に終始するが、その根源は、節とか祝宴の日に定まった神を祭り、神に供したものを人にも提供したことにある、贈り物は本来神に対する供物であると示唆した。

和歌森太郎(10)はこの柳田の仮説を継承して、次のように推論している。すなわち、贈り物は本来、祭りのときの供物である。その供物は、神と神を祀る人びとによって共食されるものであった。こうした神人共食の思想が徐々に変化して、祭りに参加する人びとの共食になり、それがさらに変形して、人びとの間でやりとりされる贈答と呼ばれる習俗になった。贈られた食物を全部受け取らず、その一部を返す習俗は、こうした共食思想の名残りであるという。

贈り物が神人共食に由来するというこの「共食モデル」は、第I章でみたようにギリシャ神話においても同様の思想があるように思われ、おそらく日本に限らず多くの文化、社会にある程度妥当するモデルではないかと思われる。

室伏哲郎(11)はおそらく民俗学の研究を踏まえておおむね次のように述べている。たとえばわが国では「中元」という贈答の風習があるが、中元とは、もともと中国の星祭りの三元のひとつである陰暦七月十五日をいう。一月十五日が上元、十月十五日が下元、中元はその中間である。道教では中元日には、年のはじめの上元日と同様盛大な祭りが行われる。この道教由来の風習が六朝時代（六〜七世紀）の末に、中国で仏教の盂蘭盆会と習合し、祖先崇拝の信仰と結びついたという。これが日本に渡来したのだが、わが国にはこの渡来以前から固有の民俗としてお精霊様（先祖の死霊）を迎える風習があったと考えられている。これが盂蘭盆の盆と結びついて、日本風のお盆とお中元の風俗が生まれたと考えられる。家人が死んでから初めての盆会を迎える新盆の家には、早稲や初穂の農作物が贈られたが、お中元の贈答はこの習俗からはじまったとされている。

歳暮に関しては、神々に新穀《にひ》をささげ神といっしょに食べる「相嘗祭」が十一月の上卯日に行われ、神に新穀をたてまつり、天皇みずからも食べ、臣下に宴を賜る収穫祭「新嘗祭」もその月の中卯日に行われる。民俗行事でも、収穫祭は多くは十一月に行われ、田畠の神を饗応する祭が行われる。神事の終わったあと、供物を下げて来会者が飲食することを直会《なおらい》というが、この共同飲酒によって人びとは神の霊魂（ミタマノフユ）の分割にあずかり、連帯感や社会的結合力を強化する。人びとは供物のおさがりをいただくことによって神の霊魂を分けてもらうことで神の加護が得られると信じたのである。さらに年の暮には先祖の魂祭りをする風習があった。これらが結びつき、変形して歳暮の贈答になったと考えられる。

また、今日でも残っている正月の風習のお年玉について、もともと年玉とは年（トシ＝年神）からの賜もの、年賜であり、年（トシ＝米＝稔りに一年かかる意）の魂（霊魂）、年魂であると考えられるとしている。

ただし伊藤(12)は、この共食モデルは一部の食物交換の説明には有力かもしれないが、必ずしも綿密な検証を経たものではなく、日本の贈与交換論のひとつの仮説にすぎないとし、これまでこのモデルが日本の民俗学者の間で定説化されてきた結果、日本の社会の贈与と返礼のメカニズムの問題が不問に付されてきたとして、共食モデルに対し批判的立場をとっている。

❖共時的交換と通時的交換

すでに述べたように、マリノフスキーは贈答行動を成り立たせている重要な原則として互酬性 reciprocity をあげている。この原則を一言で言えば、人が他人に対して与えたものは、無形のものであれ有形のものであれ、いつの日かお返しとして返済されることが期待されるということである。

栗田靖之(13)は互酬性は人間社会の基本的な道徳律の根源であるとした上で、「しかし、互酬性の原理に基いて、すべての贈答がすみやかに均衡することが求められているわけではない。すなわち、施された贈与に対する記憶が、ある種の負い目意識となり、それが常に〝負債という影〟となって人間関係を発展させる契機ともなるのである。その意味においては、均衡のとれた互酬性は、関係そのものを清算する契機となるのである」と述べている。さらに栗田は、日本社会における贈答関係を例にとり、たとえば出産の際に贈られた「出産祝」に対しては、一時的には「内祝」でもって互酬性の均衡を図るが、しかし、これだけでは真の互酬性の均衡にはならず、たえず贈り手の身辺に留意し、贈り手の出産に対して「出産祝」を贈ることによって、はじめて真の互酬性が均衡したことになるとして、互酬性が二重の構造をもっていることを指摘している。

伊藤[14][15]は互酬性の観念はどのような社会にも認められるが、そのパターンは社会関係のあり方によって一様ではなく、日本人の贈答行動のなかには等質＝等価交換への志向性がかなり強く働いているという。すなわち、日本の社会で行われている贈答には共時的交換と通時的交換という二つの型の互酬的行為があり、この二つが幾重にも重なり合うことによって一つのパターンを作っているとして、栗田と同様、互酬性の二重構造を指摘している。つまり、贈与に対して返済が望ましいとされていても、実際には、贈り物を受けた人がお返しをするまでは贈る人と贈られた人との間に不均衡が生じ、この不均衡を調整するために、言い換えれば、できるだけすみやかに返済の義務を果たし相手の潜在的期待に応えるために何らかの文化的装置を作り出す必要がある。このような文化的装置として、贈り物を贈られたときにすぐに半紙やマッチを贈る「オウツリ」とか「オタメ」とか呼ばれる儀礼的行為があある。これを共時的交換と呼ぶ。しかしオウツリ、オタメはあくまで象徴的な反対給付にすぎないので、双方の均衡が成立するには贈られた人が贈る側になる必要がある。これを通時的交換と呼ぶ。伊藤はこの対概念を定義して「共時的交換は、オウツリとかオタメのような象徴的返済をともなうもののやりとりや中元や歳暮その他の贈り物のやりとり、結納や香典とその返礼などの、相対的に特定化された短期間におこなわれる非対称性を基調とする交換、それに対して通時的交換は、婚礼の祝儀や葬式の不祝儀（香典）のやりとりのように相対的に不特定の長期間におこなわれる非対称性が重視される時差的交換」であるとしている。

伊藤によると、リブラやモーズバッハなども、日本の贈与交換の中で返済の義務が相対的に強調されているとしているという。

❖義理と贈り物

モーズバッハ(16)は西欧と日本の贈答を比較し、日本における贈答の特徴について述べている。西欧では個人主義に基く贈答が一般的であり、返礼の時期や価値についてはそれほど問題にしない。これはおそらく、受けるよりは与える方がよいというキリスト教的理想に基くものであり、敬虔な信者はそのような利他的行為により天国に行ける確率がより高くなると考えている。つまり西欧では贈り手と受け手という対人関係を越えたところに均衡の概念が存在する。これに対して日本では、一対一の人間関係における義理のバランスを保つことが重視されており、神が介在しない。また日本では贈答が高度に仕組まれた儀礼となっており、社会組織を強化するのにたいへん重要な役割を果たしている。そして、集団や社会の内部に緊張が存在しても、贈答を繰り返すことによって表面上は人間関係の調和を保つことができる、と述べている。

ベフ[17]は、日本でのもののやりとりは一回で終るものもなくはないが、多くは連続して終結の時点なく続くという。農村の屋根のふきかえの合力や葬式の香典のように、交換の一周期が完結するまでに何年もかかるような場合もある。そして交換が終結点なく続いたり、交換の周期が長期間にわたることは、日本社会の人間関係がつかの間で消滅するようなものではなく長く存続することを前提にしていることと、人間関係がいかに恩、義理、人情などの交換を社会成員に強制する価値観で縛られているかを示している、と述べている。

義理が日本に特殊なものであることを指摘したのはベネディクト[18]である。ベネディクトは義理を恩に対する反対義務、つまり恩という負債に対する返済義務の一形態としてとらえた。

伊藤[19]はベネディクトが義理を返済と解釈したことは贈与交換論上注目に値するとし、日本語の義理をめぐる用語例を検討し、これを二つの範疇に分けている。一つは「義理を返す」「義理がある」「義理にゆく」「義理を受ける」といった、義理を負債または負債の返済とする範疇である。そして、わが国の一部の山村では、かつて義理のもっとも重要な点が贈り物に対する返礼や借りに対するお返しをきちんとすることと言われていた、と述べている。いまひとつの範疇は「義理堅い」「義理を立てる」「義理を欠かさない」「義理をつくす」「義理でする」という類で、こういう場合の義理は負債や負債の返済というよりは、むしろ道徳的責務という意味の方が強い。またかつて日本の山村では「義理堅い」というのは、約束を守るとか祝儀や不祝儀によく世話をする、あるいは葬式や道普請に必ず参加する、贈答をかたく守る、礼義正しいことを意味し、贈り物に対してそれ以上のものを返す人を「義理堅い人」と呼んだ地方もあると述べている。伊藤はさらに、義理に根ざしたもののやりとりの一部に等価が重視され、交換当事者間の均衡が期待されていると指摘し、互酬性の規範としての義理が交換当事者の不均衡を調整し、その極小化をはかる同調原理を補強するのに役立っているとしている。

精神分析家の土居健郎[20]も義理について論じている。土居は「もともと自然発生的に人情が存する親子や同胞の間柄とちがって、いわば人為的に人情が持ちこまれた関係が義理である」と定義し、「義理の関係といわれるものは、親戚付き合いにせよ、師弟の間にせよ、友人付き合いにせよ、はたまた隣近所の付き合いにせよ、すべてそこで人情を経験することが公認されている場所である」「義理はいわば器で、その中身は人情である。したがって親子の間柄でも、親子の情よりも関係自体が重視されるときは、義理として認識される」と述べている。さらに恩と義理について「恩というのは人から情け（人情）をうけることを意味するが、してみると恩は義理が成立する契機となるものである。いいかえれば、恩という場合は、恩恵をうけることによって一種の心理的負債が生ずることをいうのであり、義理という場合は、恩を契機として相互扶助の関係が成立することをいう」と考察している。そして、義理も人情も甘えに深く根ざしているとし、「人情を強調することは、甘えを肯定することであり、相手の甘えに対する感受性を奨励することである。これにひきかえ義理を強調することは、甘えによって結ばれた人間関係の維持を賞揚することである。甘えという言葉を依存性というより抽象的な言葉におきかえると、人情は依存性を歓迎し、義理は人々を依存的な関係に縛るということもできる」と述べている。

義理と人情の関係は源了圓[21]も指摘しており、ベフ[22]も義理と人情はたがいに相容れるものだと述べている。ベフは、義理も人情も欠けた贈与行為は考えられないが、中元や歳暮のように、義理でしなければならない贈答でも、心から進んでしたい場合もあり、これは人情のこもった、源のいう「暖かい義理」である。心の中ではしたくないと思っていても、義理でしなければならない贈答もあり、このような場合は、人情の欠けた、源のいう「冷たい義理」であるとし、贈る義理はないが贈りたいから贈るというものは、義理のない人情だけの贈り物である、と述べている。

濱口恵俊[23]は贈与の動機から義理の二つの基盤を指摘している。一つは「相互の情愛的関係の確認としての交換」であり、もう一つは「報酬と費用とのバランス・シートを保ってゆく契約関係の中に自己と相手を位置づけるような意識」である。そしてこの二つの義理的関係の基盤は実際の贈与慣習のなかでは互いに交じり合うことから、「日常生活の中での義理的関係は、実際は、情愛延長的性格と疑似契約的性格をあわせもつ。つまり何らかの形で、情愛的関係の意思表示ができ、同時に等価交換的な関係が希求されるようなものである」と指摘している。この濱口の指摘は贈り物のやりとりの背後にある両当事者の微妙な気持、両義的な気持をよく分析している。

第VI章　分離と秘密と贈り物

前章では贈り物についての文化人類学、社会学、民俗学などの諸研究を紹介し、社会のなかで贈り物がなにゆえ、どのようにやりとりされるかを一般的、巨視的に検討してきた。本章では贈り物の背後にどのような心理が働くことがあるかを、すこし微視的にみてみたい。

1　贈り物の動機について

贈り物がどのような動機からなされるかについてよく知られているのは、ボールディング(1)の「愛からの贈り物」と「恐怖からの贈り物（貢ぎ物）」という分類である。ボールディングは愛から生まれる、すなわち善意からなされる贈与である「贈り物」gift と、恐怖の結果として、または脅迫のもとでおこなわれる贈与である「貢ぎ物」tribute との二種類を区別した。たしかにこれは有用な分類である。恋人に贈るプレゼントは愛からの贈り物であり、神々の怒りを鎮めようとしてなされる犠牲は恐怖からの貢ぎ物である。

ただしこの二種類は必ずしも二者択一的、相互排除的なものではない。恋人に贈るプレゼントは愛からの贈り物ではあろうが、ときには恋人の心が離れてゆくことへの恐れから彼（彼女）を引き止めたいという貢ぎ物である場合もある。あるいは、会社の上司に贈るお歳暮は、会社における自分の地位を保ち、地方にとばされるのを避けようとする恐怖からの貢ぎ物の場合もあるが、ときには尊敬に値する上司への善意からの贈り物であるかもしれない。恋人へのプレゼントにせよ、上司へのお歳暮にせよ、愛と恐怖の両方の動機を含むことがある。ときにはその一方が意識化され他方が無意識のままであることもある。ボールディング自身も「これらの愛と恐怖の混合体は、いやになるほどごたまぜの形をとっている。だがまさにそのことが、多くの人間行動の特徴をなしているように思われる」と述べている。贈り物の背後には両価的感情が潜むことが多いのである。

井下理(2)は、表出的―道具的、過去志向的―未来志向的という二つの軸により愛情、感謝、返済、投資の四つの贈答行動を区別している。たとえば親が子どもの誕生日に贈るプレゼントは愛情からの贈り物であり、子どもが母の日に贈る花束は感謝の贈り物である。お世話になった人に贈るお歳暮は返済であり、取引の相手に贈るお中元は投資である。しかしこの分類もやはり必ずしも相互排除的な分類ではない。たとえば腎不全の子どもに腎臓の提供をする親の気持を考えてみよう。子どもに対する愛情がもっとも大きな動機であろうが、いずれ老後の面倒をみてもらいたいという投資の意味をもつ場合もある。子どもが親の誕生日に贈り物をする場合、親に対する愛情がもっとも大きな動機であろうが、今までの養育に対する感謝の念のあらわれ、あるいはいくばくか返済の意味を含んでいるかもしれない。ときには遺産の配分を自分に有利にしてもらいたいという投資の意味があるかもしれない。贈り物の背後には複雑な、ときには矛盾する動機が存在するのである。

2　分離と贈り物

❖別れと贈り物

贈り物のもつ心理学的な意味の一つに分離をめぐる心理がある。

先にもふれたように、日本語の「贈る」は「送る」に由来し、人との別れに際して別れ難くてついてゆくという意味から転じて、心をこめて人にものを届けるという意味になったという（広辞苑第四版）。つまり「贈る」という言葉には別れ（分離）を否定し、つながり、結合、一体を維持しようという意味がある。たしかに贈り物はつながりや一体感を求めて贈られる。しかし同時にその贈り物が分離を顕在化させるのである。

たとえば、今は去っていったかつての恋人から贈られた手編みのひざかけがあるとしよう。彼はそのひざかけをみるたびに恋人を思い浮かべ、彼女との幸せな時間を思い出し、彼女を身近に感じるかもしれない。もともとその贈り物は彼女が「いつも自分を身近に感じてほしい」と彼に贈ったもので、二人の愛と結びつきの象徴であった。彼女との交際が続いている間も、しばらく彼女に会えないときに、そのひざかけは彼女のやさしさ、あたたかさを伝えるものとして彼の身近にあった。それは彼女を思い出させるものであると同時に、いまここに彼女がいないことを際立たせるものでもあった。そして彼女と別れたのちには、彼はそのひざかけをみるたびに、彼女が手の届かぬところに去っていってしまったことを否応なく感じさせられるのであった。一体感の象徴であった贈り物が今は分離と不在を示すものになったのである。

『銀座で買う贈り物100選』[3]という本がある。この本のなかで著者の雨谷恵美子は「奥が深くて、どこか遠いような、まぶしいような街」銀座の店二百軒あまりを訪れ、贈り物にふさわしい品々を見つけ出し、その一つひとつを紹介するとともに、それぞれの品にふさわしい短い物語を書いている。著者の銀座への愛着が感じられる美しい本である。筆者は題名に惹かれてこの本を買い読んでみたのだが、雨谷の書く物語には分離や別れの物語が多いことに気がついた。すべてを紹介するわけにはいかないが、そのうちのいくつかを紹介する。

❖「国際電話」

これは妻子あるビジネスマンとその若い恋人の物語である。

彼がやっとの思いで休みをとり、二人でハワイにやって来たのに、ホテルに着くやいなや会社からの国際電話が追いかけてくる。せっかく日本を離れたのに、せっかくまわりを気にしないで、彼とどうどうと手をつないで歩ける場所にやってきたのに、と彼女は思う。しかし彼女は財布のなかから一枚のカードをとり出して「これ、使って」と彼に手渡す。こういうこともあろうかと彼女があらかじめ用意してきたのがワールドリンクフォーンカード。小銭がなくても日本へ直通で電話がかけられるのだ。

彼女は家庭のある彼がなぜ彼女を必要としているかを考え、言葉にできない部分で彼が深く彼女を求めていることに気づく。彼女も彼に出会えたことを感謝している。だったら彼のために何ができるかを考えて、とりあえず思いついたのがそのカードだという。

二人は本来結ばれることのない関係である。ようやく時間を作って遠くにやってきても、そこに国際電話が追いかけてきて、彼女に現実を知らしめる。ワールドリンクフォーンカードの贈り物は二人を結びつける贈り物であると同時に、それが困難であることをあらわに示す贈り物でもある。

❖「バラ色の人生」

彼女は、口は悪いけれどお兄さんのように面倒見のよい男性にほのかに好意をもっていた。その彼が外国へ赴任することになり、家財道具をせりに出したりして楽しそうにしている。彼女は少し寂しかった。

何人かで彼の引っ越しの手伝いをしに行ったとき、彼女は彼の部屋にある大きな古い蓄音器に引きつけられ、皆といっしょに帰りかけたものの途中で彼のマンションに引き返し、その蓄音器でエディット・ピアフの「バラ色の人生」を聴いた。彼は「おやじの形見なんだよ。おじいちゃんが大事にしてたものらしい」と言う。彼女はそれから彼の部屋をときどき訪れて、ピアフの歌を何度か聴いた。そして別れの迫ったある日、彼が「あの蓄音器、きみに預けていくよ」と言う。その瞬間彼女の耳にピアフの「バラ色の人生」が流れてきた。

この蓄音器は彼女にとって、遠く外国に行った彼を思い出させるよすがとなり、いつの日か彼に再会できるという希望を抱かせる。しかし同時に、いま目の前に彼がいないことを痛切に感じさせることになるであろう。

この蓄音器は彼にとっては「おやじの形見」で「おじいちゃんが大事にしていたものらしい」。それは彼に父を思い出させるものであると同時に、その不在をあらためて告げるものでもあったのであろう。

❖「冬将軍」

若い女性が一人暮らしのおじいちゃんを訪れる。おじいちゃんはおばあちゃんが亡くなってからはすっかり気を落としている。一緒に暮らそうよ、と家族みんなが誘っても、おばあちゃんの思い出がいっぱいの住まいを動こうとしない。そんなおじいちゃんを訪れた冬の日、彼女は自分のつけていたショールをはずして、おじいちゃんの肩をすっぽりくるむ。「ね、すごくあったかいでしょ。それに軽いの。これ、おじいちゃんにあげる」。それは彼女がボーナスを全部つぎこんで自分のために買った、最高級のカシミアの大判のショール、シャートウスだった。数日後、おじいちゃんから手紙が届いた。毎朝、また散歩するようになったと、それはうれしい頼りだった。

このシャートウスの贈り物には、妻に先立たれ、家族からも離れて一人暮らしをする年老いた祖父の寂寥をいくばくなりとも和らげようとする孫娘のあたたかい心が込められている。年老いた祖父はこのショールに身を包むとき、孫娘を身近に感じるであろうが、しかし同時に今その孫娘はそばにいないことを、そして妻もすでにいないことをあらためて感じるであろう。

❖「未亡人の贈り物」

夫の死後、家にこもりがちに暮らしていた未亡人が、テニススクールで知りあった中年の男性に好意を抱く。そしてスクールのあと、二人で珈琲専門店でエスプレッソを飲むという幸せなひとときをもつ。「あなたによって、私の暮らしも少しずつ変わってまいりました。これといって何がということもないのですが、あなたと同じように時をいつくしんで過ごそうと、そんな気持になったのです。(中略)あなたに恋をしているのだと思いました」。そしてスクールが終り別れがきたときに、彼女は彼にペルシャ絨毯を贈る。「これは私からあなたへの感謝の気持です。私をときめかせてくれたあなたへの。じつは、あなたの生活のなかに置いてほしい、というひそかなたくらみもあるのです。(中略)あなたが末永くお幸せでありますように。遠くから心よりお祈り申しあげております」。

絨毯の贈り物は、できることなら彼の生活のなかにともに在りたいという彼女の願望を表している。彼はその絨毯によって、彼女を身近に感じると同時に、いま彼女がそこにいないことを感じざるをえないであろう。

私の短い要約では雨谷の文章のもつせつない雰囲気を十分伝えられないのは残念である。ほかにも別れ(分離)を扱った物語がいくつかある。「娘の結婚」「恋のピリオド」「二人の夜」「密会の味」……。ひとつひとつ紹介することはできないが、表題からだけでもそこに「別れ」が語られていることが推察されるであろう。いずれの物語でも、贈り物は別れ(分離)を克服ないし否認しようとする試みであり、別れたのちもつながりを保とうとする願望を表している。しかしその贈り物は、同時に、贈り手がいまそこにいないことを受け取り手に痛切に感じさせている。

贈り物が分離を否認、克服し再結合を求めるものであることは、餞別や土産や形見などにもみることができる。

❖「甘え」と贈り物

漱石の小説『坊っちゃん』に、坊ちゃんが同僚の数学教師山嵐におごってもらった氷水の代金一銭五厘を返すところがある。坊ちゃんは山嵐を友人と信じている間は、一銭五厘を返そうなどとは思わない。しかし教頭赤シャツの中傷にまどわされて山嵐を疑い始めると、以前氷水をおごられたことをそのままにしておくことができなくなって、一銭五厘を山嵐に押し返す。坊ちゃんはこう言う。

「ここへきたとき第一番に氷水をおごったのは山嵐だ。そんな裏表のある奴から氷水でもおごってもらっちゃ、おれの顔にかかわる。おれはたった一杯しか飲まなかったから、一銭五厘しか払わしちゃいない。しかし一銭だろうが五厘だろうが、詐欺師の恩になっては、死ぬまで心持がよくない。あした学校へ行ったら一銭五厘返しておこう。おれは清からは三円借りている。この三円は五年たった今日までまだ返さない。返せないんじゃない、返さないんだ。清は今に返すだろうなどと、かりそめにもおれの懐中をあてにはしてない。おれも今に返そうなどと他人がましい義理立てはしないつもりだ。こっちがそんな心配をすればするほど清の心を疑ぐるようなもので、清の美しい心にけちをつけるのと同じことになる。返さないのは清を踏みつけるのじゃない。清をおれの片破《かたわ》れと思うからだ」。

土居健郎(4)が指摘しているように、坊ちゃんは清を自分の「片破《かたわ》れ」、つまり自分の分身、一部であるかのごとく思うからこそ、清から贈られた三円を返さなくても、言い換えると清から恩を着ても平気なのである。清は坊ちゃんにとって、また坊っちゃんは清にとって独立した他者ではなく、甘え甘えられる一体関係にあるから、三円を返そうとしない。坊ちゃんは山嵐を自分の味方（自分と一体）と信じている間は一銭五厘を返そうとしないが、山嵐に裏切られたと思い込んで一体感がなくなると、返さなくてはならないと感じる。清は「片破れ」で、甘えてもよい関係にあるが、山嵐とはいまや「他人がましい義理立て」をしなくてはならない関係になってしまったのである。

このエピソードは、贈り物（氷水＝一銭五厘、三円）が贈り手と受け取り手の間に一体感を形成すること、また贈り物を拒絶あるいは返済することが両者の関係を分離した関係、「他人行儀」な関係にすることをよく示している。

❖「してもらう、して返す」

ここで「甘え」（と贈り物）との関係でわが国独自の精神療法である内観療法についてふれておきたい。内観とは、たとえば母親との関係を内観するということは、子どものころ母親に「してもらったこと」「して返したこと」「迷惑かけたこと」を調べる（ふり返って内省する）ことである。内観療法の創始者吉本伊信[5]によれば、「他の人にどれだけお世話になり、自分はそれに対してどれだけのことをして返したか」を、「あたかも商売人が年末の決算をするときのように、貸が多いか、借が多いか、してもらったこと、して返したことのどちらが多いかを調べる」ことである。こういうことをしてゆくと、非行少年やアルコール依存症の患者が短期間のうちに、母に非常に感謝するようになり、立ち直ってゆくという。私ははじめ内観について本を読んだり話をきいたりしたときには、非行少年やアルコール依存症患者がそんなに短い間に母に感謝するようになるなど本当なのかと、半信半疑であった。しかしどうも本当らしい。そこでなにゆえそういうことが生じるかを内観学会で招待講演[6]をさせていただいた機会に考えてみた。

母親に対して幼児のころの自分を調べるということは、その調べる自分はすでに成人になっているのだから、発達的により早期の関係を発達的により後期の関係の視点から見直すことになる。幼児期の子どもと母親の関係は、してもらったからといってして返さなくてもよい関係つまり甘えの許される関係であるが、それを発達的により後期の関係つまりしてもらったらして返さなければならない関係、他人行儀の義理立てをしなくてはならない関係の視点から見直すことになる。そうすると当然、してもらったことはたいへん多く、して返したことははなはだ少なく、迷惑かけたことおびただしいという認識が生じ、そこから感謝が生じる。つまり患者はそれまでしてもらってあたりまえと考えてきたこと、あまりにもあたりまえであるためにしてもらったと意識さえしなかったことが、実はあたりまえでなかったことに気づいて感謝することになる。すでに三木善彦[7]は、内観するとなぜ感謝が生じるのか、それは母親を他者とみなすようになるからではないかと述べているが、まことにそのとおりである。

「してもらったこと」というのは必ずしもものを贈られることではないが、広義には贈り物とみることもできる。してもらうこと＝贈り物を受け取ることは贈り手と受け取り手の関係を依存的なあるいは一体化したものにし、して返すこと＝贈り物のお返しをすることは、両者を互いに分離した他者にするのである。

この内観療法は、してもらったらして返すのが当然ということが人びとに共有されていることを前提としているものと思われる。内観療法が日本独自の精神療法として発展したのは、日本の贈与交換のなかで返済の義務が相対的に強調されていることと関係があるかもしれない。

❖「移行対象」としての贈り物

移行対象 transitional object とはイギリスの小児科医にして精神分析医であるウィニコット(8)が提唱した概念で、幼い子どもが肌身はなさず持ち歩く毛布の切れはしや人形あるいは動物のぬいぐるみなどを指す。ウィニコットはこれを最初の「自分でない」所有物として発達的に位置づけ、移行対象と名づけた。

牛島定信(9)は移行対象の特徴を次のように整理している。①指しゃぶりのような口愛的な本能充足的活動の延長線上にありながら、それとは質のちがった体験領域となっており、快感追求的というよりは、安らぎを与えるものになっている。②母親によって与えられたものであるにもかかわらず、あたかも自分が発見し、自分が創造したものになっている。③内的体験世界のもろもろが付記されている。外界にあるものという認知がある一方で、自分になったり対象になったりする。内的体験と外的対象との重なり合う、体験の中間領域を形成している。④母親からの分離が課題になるときに際立ってくる。⑤母親とのほどよい関係を基盤に生じ、その機能を発揮する。⑥やがては消失して、子どもの遊びや成人の文化的活動の領域に吸収されていく。

筆者の娘はすこしずつ母親から離れつつあった三～五才のころ、母親が与えた小さな薄い毛布を

「フワフワちゃん」と命名し、いつも持ち歩いていた。とくに母親の留守中や自身が母親から離れて外出するときなどは必ず「フワフワちゃん」をたずさえていった。そしてその毛布に頰ずりしたり、まるめて抱っこしたり、枕にしたり、匂いをかいだり、話しかけたりしていた。彼女にとってその毛布は愛着の対象であり、母親の代理であり、また自分自身でもあるようであった。一方で彼女はその毛布が単に毛布であること、そのうえ古くなって汚れてきていることもよく知っていた。決して錯覚や妄想があるわけではない。しかしその毛布は彼女が創り出したものであり、彼女の内的世界で特別な意味をもつ宝物であった。

彼女がその毛布をもはや持ち歩かなくなってからも、それは彼女の整理ダンスのなかに長い間大切にしまわれていた。

次に筆者が治療をした患者の例をあげる。

ある一七歳の境界例の少女は、面接のたびに治療者から何かものをもらいたがった。「先生の机の上にあるものを何か欲しい」と言う。境界水準の病理をもつ患者は面接室にいる間は治療者の存在を感じるが、一歩面接室を出て治療者が目の前から消えると、治療者が存在しなくなったように感じて不安になる。そんなとき患者は、治療者がたしかに存在していると感じさせてくれるもの、それをよすがに治療者を思い出させてくれるものを必要とする。私は彼女に何か渡そうとしたが、机の上には小さな時計とボールペンしかなかった。固くて冷たいものはこういうときの贈り物にはふさわしくない。私は名刺を一枚渡した。彼女はそれを大事そうに持ち帰ったが、次の面接のときに小さなリスのぬいぐるみを持ってきて、面接中机の上に置いていた。そして面接の終りに「このリス、先生に預けておく」と言う。私はそれを預かり、診察室には置きにくかったので研究室の机の上に置き、その次の回に彼女に、「あのリスは私の研究室の机の上に置いた」と伝えた。その上で、なぜそれを治療者に預けたかを問うと、「あのリスは私の分身なの。分身が先生の側にあると安心でしょう」と答えた。ほぼ一カ月ほどして、彼女はそのリスを返してほしいと言って持ち帰った。そして以後それを大切に持ち歩いている。

彼女は治療者から移行対象となるべきものを与えられたかったのだろう。治療者が名刺しか贈らなかったので、患者は本当は自分が与えられたかった小さなぬいぐるみを治療者に預けた。彼女は治療者のなかに自分自身をみて、その自分自身に自分の望むものを贈ったのであろう。そして今度はそれを治療者から返してもらう（与えられる）ことを望んだ。治療者が返したぬいぐるみは、今度は治療者の分身として、彼女に治療者を思い出させるよすがとなったのである。

私の娘の場合も、この患者の場合も、重要な対象（母、治療者）からの分離にあたって、贈り物が移行対象として機能したと思われる。

❖乳幼児の分離個体化と贈り物

分離と関連した贈り物のはじまりは、おそらく、母親から分離し始めた乳幼児が、自分が世界を探検してみつけたものを母親のもとにもってくるということにあるであろう。

マーラー[10]は乳幼児が母親との未分化な存在から一個の独立した個人として誕生するまでの精神内界過程を分離個体化過程と名づけた。これは母子の共通な膜からの孵化ともいえる過程であって、大体生後三十〜三六カ月の間に達成される。マーラーはこれを①正常な自閉期、②正常な共生期、③分離個体化期の三期に分け、さらに分離個体化期をａ分化期、ｂ練習期、ｃ再接近期、ｄ統合期の四つの下位段階に分けた。正常な自閉期と正常な共生期においては乳児はまだ母親との共通の膜のなかにあり、両者はまだ分化していないと考えられている。分離個体化期は大体生後四、五カ月から始まる。分化期（生後五〜十カ月）では乳児の母親に対する身体的依存が減少し、乳児は這い這い、つかまり立ち、つたい歩きができるようになる。練習期（生後十〜十六カ月）では、幼児は運動能力の練習を着実に増やし、母親の足もとから離れて世界の探索に乗り出し、自分自身の活動に夢中になって、まるで母親の存在を忘れてしまったかのようにみえる。しかし母親からの情緒的補給を求めて、周期的に母親のもとへ帰ってきて母親にふれたり、よりかかったりする。再接近期（生後十六〜二五カ月）になると、幼児は自分の意志で好きなところへゆけるという喜びと同時に、分離不安を増大させる。世界探索に夢中になっていた幼児は、何か苦痛をこうむったとき母親がいつも側にいるわけではないということを発見して驚き当惑する。そして母親がどこにいるかに絶え間なく関心を示し、母親を求めるようになる。この時期の幼児はもはやそれほど依存的ではなくなり、さらに独立してゆくことに熱心なようにみえるが、それにもかかわらず自分の経験のすべての面を母親が分かち合ってくれることを強く期待する。そして、自分のみたもの、聞いたものに母親も関心をもつことを求め、自分の興味をもつ玩具などを母親の膝の上にもってくる。

練習期にいったん母親から分離したようにみえた幼児が、再接近期にあらためてその分離を自覚させられて分離不安を抱き、再び母親に接近し、贈り物をもってくる。贈り物を贈ることによって分離の不安を克服し、再結合を求めるのである。

この時期を経て、統合期すなわち個体性の確立と情緒的対象恒常性の始まりの時期（生後二六〜三六＋αカ月）に至る。幼児の自己の心的表象は対象の心的表象から明確に分離し、母親が不在のときもその表象を維持できる、つまり心の中に母親を思い浮かべられるようになる。さらに「よい」（欲求を充足してくれる）対象と「悪い」（欲求を充足してくれない）対象とを一つの全体として統合することができるのである。

3　秘密と贈り物

❖秘密と自我境界

秘密を告白することが贈り物であること、あるいは贈り物を贈ることが秘密の告白であることがある。秘密には、自他の心の隔たりを作り、自我境界を確立する働きがある。自我境界とは精神分析医フェダーンが概念化したもので、自我と非自我の境界を意味する。詳しく言えば、外界の知覚、認識に関する外的自我境界と、精神内界の知覚、認識に関する内的自我境界があるが、ここではまず外的自我境界について述べる。外的自我境界は身体にたとえれば皮膚のようなものである。皮膚の内側は自分であり、外は自分ではない。皮膚の内側のことは外からは見えない。心の中のことは自分が口に出して話さない限り他の人にはわからない。こう思えるようになることが自我境界が確立するということである。

生後間もない幼児の自我は原初的な自我―即―宇宙的な自己体験として存在するだけで、自我境界を備えていない。したがって外的刺激は自我状態の一部として体験される。発達に伴って自我境界が確立されてくると、外的現実と精神内界の識別が可能になる。その萌芽は乳幼児が母親から分離し自分が母親とは違う一個の個であると認識する分離個体化期にすでにみられるが、児童期から前思春期に至って確立すると考えられる。小さな子どもは家庭の外での出来事や友だちとの間であったことなど何もかも親に話す。また自分のことは何でも親は知っていると思っている。しかしすこしずつ成長するにつれて何でも親に話すということはなくなり、親にも、そして誰にも知られない自分だけの心の世界をもつようになる。そして誰にも知られない自分だけの秘密の自分が生まれ育ってくる。そのような秘密の自分は自分にしか感じられない自分である。こういう感覚を自己感覚という。この自己感覚が育ってくると、自分と自分以外の世界との隔壁として自我境界ができたと言える。その過程で子どもは親に対して秘密をもち、ときには嘘をつくこともできるようになる。つまり自我境界が確立して自己の内部と外部の区別ができて、はじめて、内部のものを内に保持しておいたり外に漏らしたりする、つまり秘密を守っていたり告白したりすることができるようになる。

子どもが母親に贈る最初の贈り物が大便（うんち）であることはすでに述べたが、うんちは自己の内部にあって大事なもの、保持したいものであり、また保持の緊張が高まると外部に排出したくなるものである。二、三歳の肛門期になると、子どもはうんちを自分の意志で自分の内部に保持したり、外に排出したりできるようになる。母親の期待に応えて、時と所をわきまえてそれを排出することは母親への贈り物であるが、排出しなかったり、時と所をわきまえずに排出することは母親への反抗である。secreteという言葉には「分泌する」という意味と「秘密にする」という意味があり、secretion「分泌物」（うんち）という言葉とsecret（秘密）という言葉は関連が深い。小此木啓吾[11]は「秘密secret―分泌物を隠しておこうとする心理と同時に、excretion（排出）の心理が常につきものである」とも述べている。

❖「打ち明ける」

第I章で秘密を打ち明けることが贈り物になることについてふれたが、ここで秘密を排出する＝秘密を告白する＝打ち明けるということがどういう働きをもつかを検討してみる。小此木[12]は秘密を告白することには三つの働きがあるという。一つは、自分の内的な感情、願望、不安などを打ち明けることで、相手との心理的距離を縮め親密になろうとする働きがある。相手も親密になることを望んでいるときは満足を得る。愛の告白などがこれにあたるであろう。もう一つは、相手に利益を与えたり相手の好意を得るために秘密を告げるという場合である。さらにもう一つは、相手の知らない情報を与えることで、心理的に上位に立つことができるという働きである。

秘密の告白のもつこれらの働きはいずれも贈り物についても言いうる。贈り物をすることで相手との心理的距離を縮め親密になることができる。相手の利益になるような情報を提供することは贈り物そのものである。また贈り物の贈り手と受け取り手の間に地位の勾配が生じることは文化人類学的研究がすでに指摘しているとおりである。こういうことから秘密の告白ということが贈り物と等価であることがわかる。

すでに別のところでふれたことがある(13)が「打ち明ける」という言葉を広辞苑でみると、「①明けるを強めていう語。『窓打ち明けて』②隠さずに語る。打ち明かす。『悩みを打ち明ける』」とある。大辞林で引くと、「①秘密や心の中で思っていることを包み隠しなく人に話す。『悩みを打ち明ける』『打ち明けた話だが』②（文語的な言い方で）さっと開く。勢いよく開ける。『窓打ち明けて日に向い』③中に入っているものを出して空にする。『巾着にあるだけ打ち明けて』」とある。大辞林の説明の方がていねいなので、これにしたがって考えてみる。まず「打ち明ける」ということには内容の保持ということが前提になっていることがわかる。打ち明けるためには打ち明けるべき内容がすでに心の中に秘められている必要がある。「秘密や心の中で思っていること」「中に入っているもの」があってはじめて打ち明けることができるのであって、中味が空っぽであっては打ち明けられない。また打ち明ける以前に内容が心の中から漏れ出たり溢れ出たりしては打ち明けるどころではない。

統合失調症（分裂病）の患者はそういう状態になっている。自我境界がまだ確立していなくて、心の中に内容がしまっておけないので、打ち明ける以前に漏れ出て他人に知られてしまうのである。統合失調症患者は一見人なつっこく見えることがあるが、自他の心の隔壁のなさがそういう印象を与えるのであろう。彼らはときどき自分が食べているお菓子の一切れとか自分の書いた日記風のノートの一頁などを治療者にくれることがあるが、その贈り物が他者である治療者にとってどのような価値をもつかをほとんど考慮していないように見える。また日記の内容についても、それについて治療者は知っているはずだと思い込んでいるように見える。治療者との間に心の隔壁がなく、治療者が自分とは別の他者であるという認識が乏しいからであろう。彼らは通常の意味で打ち明けているわけではないのである。

❖「信頼する」

このように「打ち明ける」には秘密の保持が前提になるが、その次には「信頼する」ということが必要になる。秘密を打ち明けた相手がそれをきちんと受けとめてくれないのではないか、第三者に漏らしてしまうのではないかという不安があっては打ち明けられない。相手が自分の打ち明け話を「ここだけの話」にしてくれることが信頼できないと打ち明けられない。打ち明ける以前には秘密を保持する境界が自分一人の内にあるが、打ち明けることによってそれが二人の共有の秘密になる。秘密の境界が拡大するが、打ち明けられた方はその秘密を第三者に対しては守らなければならないことになる。そういう意味で秘密の告白は相手を拘束することになる。贈り物を贈ることにも同様の機能があることは、贈り物にあたる言葉がサンスクリット語では拘束を意味するところによくあらわれている。[14]

第II章でふれたが、アドラーやユングの離脱に危機感を抱いたフロイトの弟子ジョーンズは、フロイトと精神分析を守るためにもっとも信頼しうる弟子数人で秘密の委員会を作り、フロイトはそのメンバーに指輪を贈った。この指輪はフロイトから弟子たちへの信頼の表明であると同時に、その弟子たちがフロイトと精神分析に忠誠を尽くすよう拘束するものでもあった。弟子たちはのちにフロイト理論への忠誠と自分自身の考えの確立という葛藤を体験することになったのである。

「信頼する」という言葉についてもうすこし考えてみる。「信頼する」とは相手についてすべて知っている状態と何も知らない状態の中間の状態である。相手について何も知らなければその人を信頼することはできない。しかし相手のことが何もかもわかっていれば、つまり完全に予測できるのであればもはや信頼する必要はない。われわれは明朝太陽が東から昇ることを「信頼して」眠りにつくわけではない。明くる朝になれば太陽は必ず東から昇るのだから、われわれはそれを信頼するとは言わない。信頼するとは完全には予測できないということである。したがって打ち明けるときにはいくばくかの不安が伴う。打ち明けるときにはその不安に打ち勝って思い切って打ち明けなければならない。だから勇気が要る。先の明るくなるのを信じて打ち明ける。「窓打ち明けて日に向い」というのがぴったりである。そして話し始めたらすべてを話さなくてはならない。「巾着にあるだけ打ち明け」なくてはならない。打ち明けるとき、人は不安に打ち勝って「信頼」という、人間が人間に贈りうる最高の贈り物を贈るのである。

精神療法過程の中で患者が治療者に心の秘密を語ってくれるとき、それを聞くことが治療者にとって何ら現実的利益をもたらすわけではないのに、大きな贈り物を贈られたという気がするものである。「信頼」を贈られたと感じるからであろう。

先にとり上げた『銀座で買う贈り物100選[15]』からもう一つ例を借用する。

彼女は職場の上司Kさんにひそかに好意をもっている。その上司から「〈ロージャ〉のノート、切れそうだから、また買っておいてくれる」と頼まれる。Kさんは〈ロージャ〉しか使わない。いつも何冊かストックしている。「何冊にしますか?」「そうだね、十冊くらい買ってきてよ」彼女は十一冊買い求め、一冊のたった一枚を私用に使う。

大好きなKさん

今日はごきげんいかがですか? 疲れていませんか。たまには、両手を上げて、背筋をグッーと伸ばしてください。Kさんのすがすがしい笑顔がいつも私を幸せにしています。

彼女はこの手紙を書いた一冊を、一番上にしようか一番下にしようか迷ったあげく二冊目に入れておく。そして十一冊まとめて手渡すが、それ以来仕事が手につかなくなり、「集中力がたりない」なんてKさんに叱られる。

「あーあ、Kさん、あなたにこんなに集中しているのに」。

これでおしまいである。彼女が一冊余分に買った〈ロージャ〉のノートの贈り物と、その一枚に書いた愛の告白が受け入れられたかどうかはわからない。

彼女の贈り物は秘密の愛の告白であると同時に、今までは自分だけのものであった秘密を二人の秘密にしてほしいという願いを表している。もし彼がその贈り物を受け取り、しかもそのことを誰にも話さなければ、愛の秘密は二人の秘密になる。秘密の境界が彼女ひとりの心の中から二人の間へと広がるわけであるが、二人の外には漏れないという意味では新しい境界ができたことになる。ところがもし彼がその贈り物について他の人に話してしまえば（「彼女、おれにこんなもの贈ってきたんだよ」）、彼女の信頼は裏切られ、秘密の境界は消失し、秘密が露見してしまう。彼女はその不安を乗り越えて、Kさんを信頼して秘密（愛）を告白したのである。

このように、贈り物は秘密を告白し、秘密の新たな境界を設定するが、賄賂もその一例である。贈賄する側は、賄賂を贈ることによって見返りの利益が得られることを期待している。そして収賄する側がそのことを秘密にして第三者に漏らさないでくれることを願っている。賄賂を贈り、受け取ること、そして見返りを得る、与えることが両当事者の秘密となり、秘密の境界がそれ以上に広がらないことを贈賄する側は期待（信頼）している。そうすれば両当事者は共通の秘密をもつ共犯者となる。ところが賄賂を贈られた側がこれを拒絶したり公にしたりすれば、つまり秘密を共有することを拒絶すれば、賄賂を贈る側が贈られる側に寄せた信頼は裏切られ、贈賄側だけが犯罪者になることになる。いずれにしても賄賂を贈られた側はある種の重荷を担わなければならない。

✣「重荷」

秘密を告白し相手がそれを受け止めてくれると人は孤独ではなくなる。秘密の重荷をともに担ってくれる人が現れたからである。だから打ち明け話を聞く人は重荷を担わされることにもなる。精神療法家が患者の心の秘密を聞くときにも、ときには重荷を感じることもある。

別の例をあげる。

A教授は弟子の学者Bからブロンズの騎士像を贈られた。よく知られた彫刻家の手になるもので、かなり高価なものであろうと思われた。そこに添えられたBからの手紙にはヨーロッパ留学中に、彫刻の好きなA教授のことを思い浮かべ、長い間の学恩への感謝のしるしとして買い求めたものだとあった。A教授ははじめはうれしく思ったが、その価格を推測してなぜこのような高価なものをBがくれるのかと考えて、思い当ることがあった。すこしまえのBからの手紙に、あからさまな依頼ではないが帰国後にある大学への就職を希望していることが書いてあった。Bは学者としてはA教授の弟子のうちでも一、二を争う俊秀であったが、人柄に難があり、A教授はBをその大学に推薦するのをためらっていた。そこへブロンズ像が贈られてきたのである。あからさまな依頼であればむしろはっきり断ることができたかもしれないが、「学恩に感謝して」とあっては突き返すわけにもゆかない。A

教授は重荷を背負い込まされたことに気づいたのである。

❖無意識の秘密

秘密の告白が贈り物であることについて述べてきたが、その秘密は贈り手が意識している秘密であった。しかしときには贈り手自身が意識していない秘密が贈り物を通してあらわになることがある。この場合の贈り物は内的自我境界のむこう側、つまり無意識からのメッセージである。第I章では日本の昔話にみられる贈り物が異界からの、つまり無意識界からの贈り物であることを述べた。また第III章では患者からの贈り物のいくつかが患者の無意識的幻想の実演であることを示した。ここでは患者の父親からの贈り物がその父親の無意識をあらわにしていたと考えられる例を示す。

患者は境界例と思われる十代後半の少女である。患者の話からは母親よりも父親との距離が近いことがうかがわれた。父親は毎回娘に付き添ってきてはいたが、面接室には入ってこなかった。ある日その父親だけが来院し診察室に入ってきて、「娘が治療者にセクハラめいたことを言われたと言っている」と言う。突然のことに驚いた筆者が、「自分はそんなことを言った覚えはないが、娘さんはどんなことを言われたと言っているのか」と尋ねると、父親はすこし当惑し、「娘に問い質しても具体的なことは言わないのでわからないが、娘がそんなことを言うからには何かそう思わせるような治療者の言動があったのではないかと疑って、どんな治療者か見にきたのだ」と言う。しばらく話すうちに父親も娘の訴えが必ずしも事実ではなさそうだとわかってくれたようであった。また筆者が意外に老人なのに安心したようでもあった。どうも父親自身と同年齢の壮年の治療者を想定していたらしかった。やがて父親は「今後もよろしく」と言いながら、「これを先生に」と包みをとり出して開いた。そこには若い女性に贈るのがふさわしい花柄のスカーフがあった。筆者がとまどっていると、父親は「娘から先生にも娘さんがあると聞いたものですから、娘さんにと思って」と言った。

この意外な贈り物を贈られて筆者にはようやく思い当ることがあった。患者（娘）と父親の関係がいかにも濃密であること、娘の語り口からときには二人が恋人どうしのように聞こえたこと、そしてこの濃密な関係はおそらく二人の、意識されぬ秘密であったことにである。その秘密の関係にはおそらく性愛的な要素が含まれていた。娘（患者）はその関係を治療者との間で再演していた。患者（娘）の治療者（父親）への（性）愛とそれに対する罪責感が「治療者にセクハラめいたことを言われた」という訴えの背後にあったのであろう。そしてこのエディプス的ドラマは娘一人のファンタジーではなく、父親によって共演されていた。花柄のスカーフは父親が娘（愛人）に贈るはずのものだったのであろう。この贈り物は父親自身も意識していないエディプス的愛を伝えているのであろう。

のちにもう一つ思い当ったことがある。筆者はこの患者に好感を抱いていた。自分の娘のことを彼女に語ってもいたらしい。筆者も実はエディプス的ドラマの共演者であったかもしれない。

✣秘密の暴露

贈り物が贈り手の秘密の告白あるいは漏洩ではなく、受け取り手の秘密を暴露する形で贈られてくることがある。

ある会社の営業部長C氏は数年交際していたある女性と別れたのち、取引先の社長の紹介で別の女性と結婚することになった。以前の交際相手と別れたときには、彼女をいわば棄てたことにいくばくかの罪責感はあったものの、すでに数年前のことでもあり、C氏は彼女のことは忘れかけていた。ところが結婚式の数日前にC氏のところに匿名の封筒が届いた。そこには以前の交際相手の女性とC氏とのいかにも親密な写真が数枚入っていた。C氏は驚くと同時に怖くなった。以前の交際が世に知られては今度の結婚が破綻するかもしれないからである。

贈り物にはこのように受け取り手を恐怖におとし入れるものもある。

4　贈り物のもつ多重の意味

ここまで述べてきたように、贈り物には実に多重の意味がある。贈り物の背後に働くさまざまな心理をバレンタイン・デーのチョコレートを例にとりあげて検討してみたい。

バレンタイン・デーはローマの司教であった聖バレンチノに由来する。聖バレンチノは西暦一七五年にテルニに生まれ、同地の司教となったが、ローマ皇帝の命で殉教した。その命日にちなんでバレンタイン・デーが設けられた。欧米社会ではこの日に愛する人に贈り物を贈る慣習がある。この宗教に根ざした欧米社会の慣習はほとんどの日本人にとって無縁のはずであるが、日本の洋菓子業界がこの慣習に目をつけて導入すると同時に、その一カ月後の三月一四日をホワイト・デーと呼び、バレンタイン・デーにはチョコレートを贈り、ホワイト・デーには白い菓子の返礼をするという、贈与と返済の疑似祝祭日を作り出した。伊藤幹治[16]もこれについて考察しているが、そのなかで「ヴァレンタイン・デーとホワイト・デーの贈りもののやりとりは、洋菓子業界が欧米社会出自の贈与慣行と日本社会出自の互酬性の規範に着目して、利潤を生み出す戦略として練り上げたという点で、今日の世相を反映した仕掛けられた贈与交換といってよいだろう」と述べている。この戦略は大いに当り、バレンタイン・デーの慣習はわが国の若者たちに受け入れられて、社会に定着しつつある。この慣習の背後にどのような心理が働いているかを考えてみる。

チョコレートは女性から男性に贈るものとされている。従来わが国では愛情表現を女性からすることははしたないことと考えられてきた。現代ではこういう風潮は強くはなくなったとは言え、まだすっかり消失したとは言えない。そのなかで、バレンタイン・デーにチョコレートを贈ることができるということは、積極的に愛情表現をする機会を女性たちに与えたことになる。また、すでに述べたように、日本の昔話では女性が男性に贈り物をすることが多い。女性が直接言葉によるのではなく贈り物によって愛情を表現することは、わが国の文化に根ざしたことかもしれない。

はじめは女性が愛する男性に贈るとされていたと思われるが、しだいに必ずしも愛ばかりではなく、好意や尊敬のしるしとして贈るという形になり、贈る対象が広がってきて、職場の男性上司や男性同僚あるいは男性の友人、さらには自分がファンである芸能人やスポーツ選手にも贈るようになった。このごろではいわゆる「義理チョコ」として、とくに好意や尊敬をもたない場合も、職場の男性上司や身近な男性に贈ることが期待されるようになった。つまり身近な男性にチョコレートを贈ることがある種の社会的責務のごとく若い女性に期待されるようになり、女性がそれに応える形で「義理チョコ」を贈るようになったのである。受け取る男性の側もチョコレートを贈られたからといって必ずしも愛を告白されたと思うのではなく、好意や敬意のしるしとして受け取ったり、さらには特別そのような気持の伴わない「義理チョコ」と承知の上で受け取っている場合もある。なかには、たとえ「義理チョコ」が含まれているとしても、贈られるチョコレートの数で自分の男性としての魅力や人気が測られると考える男性も現れてきている。

愛する男性にチョコレートを贈る女性の心理を考えてみる。まずそれまで秘めていた愛をチョコレートを贈ることによって告白する、伝えるということがあるであろう。秘密の告白としての贈り物である。しかし秘密の告白が必ず受け入れられるとは限らない。拒絶されたり、第三者に話してしまわれる恐れもある。そうなっては贈り手の心はたいへん傷つくことになる。だから告白しつつ、いつでもそれは真剣な告白ではなかったという形で撤退できるようになっている方が安全である。バレンタイン・デーという制度化された日に贈ることによって、その贈り物のパーソナルな意味を軽くすることもできる。もし相手がその贈り物に込められた愛に気づかずに何の応答もしなかったり、第三者に気軽に話したりしても、贈り手は単にバレンタイン・デーに儀礼的な贈り物をしたにすぎないとして、傷つきを少なくすることができる。「あれは義理チョコだった」としてすませてしまうことができる。つまり、バレンタイン・デーのチョコレートの贈り物は、場合によっては愛の告白であるが、それが拒絶されたり、その秘密が第三者に漏れたりしても、「義理チョコ」であったという形で、それが真剣な告白ではなかったことにできるものなのである。秘密の告白でありながら、受け取り手の反応によってはそれを否定しうるのである。また贈られた方にも、贈られたチョコレートの意味をどのように理解するかが問われているのであり、贈り手の真意を察することが期待されている。贈り手の方も受け取り手が真意を察してくれることを願っている。小此木も指摘しているが、このように直接口にしない形で、以心伝心で秘密を伝え、それを察するという慣習は日本的特徴と言えるであろう。

バレンタイン・デーに対してホワイト・デーという贈り物に対するお返しの機会が設けられていることも、日本的特徴と言ってよいであろう。伊藤も言うように、日本の社会には「贈答」という慣習が定着している。つまり贈り物にはお返しをすることが当然とされていて、贈与と返済は不可分の関係にある。こうした贈与観は日本の社会に根差した互酬性の規範としての義理にかかわっている。チョコレートをもらったら、ホワイト・デーには「義理にも」お返しをしなければならないことになる。そうなるとチョコレートと菓子の交換は愛の告白とそれへの応答といった情緒的意味（人情）など含まぬ義理の交換ということになるが、表面上そのような形をとりつつ、実はその底で愛の交換が行われる場合もあるかもしれない。若者たちはその虚実皮膜の間をむしろ楽しんでいるのかもしれない。この慣習が定着した理由としてもう一つ考えられるのは、それが食物の交換であるということであろう。

伊藤[18]は、日本の社会ではハレの日に食物をやりとりすることが多い。食物が贈答品の基調になっていると言ってもけっして過言ではないと述べている。

日本語の「もらう」という言葉は、もともとは多くの人が食物によって不可分の関係を結ぶことを意味したという。人と飲食を共にするということから「酒もり」の語もできたという。すでに述べたが「贈る」は「送る」に由来し、人との別れに際して別れがたくてついてゆくという意味から、心をこめて人にものを届けることを意味するようになったという。日本語の「贈る」にも「もらう」にも分離を否定し結びつきを求める意味があるのは興味深いことである。

バレンタイン・デーにチョコレートを贈る女性は、男性がそれをもらって食べてくれることで、自分との間に不可分の結びつきが成立することを願っているのかもしれない。バレンタイン・デーの贈り物が日本にこれほどまでに定着したのは、それが単に洋菓子業界の販売戦略であるにとどまらず、日本文化の深層の顕現だからであろう。

註

第Ⅰ章　神話と昔話にみる贈り物

（1）　ケレーニイ，カール，植田兼義訳（1985）：ギリシャの神話――神々の時代，ギリシャの神話――英雄の時代。中央公論社。

（2）　ヴェルナン，J. P. (1978)：ヘシオドスのプロメテウス神話。ヴェルナン，J. P.・吉田敦彦著，プロメテウスとオイディプス――ギリシャ的人間観の構造，みすず書房，35-63 頁。

（3）　Freud, S. (1913) : Das Motiv der Kastchenwahl. 高橋義孝訳（1969）：小箱選びのモティーフ。フロイト著作集 3，人文書院，282-291 頁。

（4）　武田祐吉訳注，中村啓信補訂・解説（1977）：新訂古事記。角川書店，294-295 頁。

（5）　吉田敦彦＋山崎賞選考委員会（1984）：神話学の知と現代。河出書房新社，113-114 頁。

（6）　関敬吾編（1956）：こぶとり爺さん・かちかち山――日本の昔話（Ⅰ）。岩波書店，36-39 頁。

（7）　河合隼雄（1982）：昔話と日本人の心，岩波書店，171-202 頁。

（8）　河合隼雄：同上書，1-40 頁。

（9）　北山修（1993）：見るなの禁止。岩崎学術出版社，3-10 頁。

(10)　関敬吾編（1957）：一寸法師・さるかに合戦・浦島太郎――日本の昔話(Ⅲ)。岩波書店，106-108 頁。

(11)　関敬吾編：註(6)前掲書，32-35 頁。

(12)　斎藤なつみ：贈り物の心理――昔話における贈り物。椙山女学園大学人間関係学部教育学専攻卒業論文（平成 11 年度)，未刊。

(13)　河合隼雄：前掲書，1-40 頁。

(14)　関敬吾編：註(6)前掲書，44-46 頁。

(15)　関敬吾編：註(10)前掲書，63-66 頁。

第Ⅱ章　精神分析にみる贈り物――フロイトと贈り物

（1）　Freud, S. (1917) : Über Triebsumsetzungen, inbesondere der Analerotik. 田中麻知子訳（1969）：欲動転換，とくに肛門愛の欲動転換につい

て。フロイト著作集 5，人文書院，385-390 頁。
(2) Freud, S. (1905) : Bruchstück einer Hysterie-Analyse. 細木照敏・飯田真訳（1969）：あるヒステリー患者の分析の断片。フロイト著作集 5，人文書院，276-366 頁。
(3) 成田善弘（2001）：心理療法的関係の二重性。河合隼雄編，講座心理療法 6，心理療法と人間関係，岩波書店，25-66 頁。
(4) フロイトの夢分析の初期のやり方は，夢を要素に分解し，一つひとつの要素についての患者の連想を促すというやり方であった。
(5) Freud, S. (1901) : Zur Psychopathologie des Alltagsleben. 池見西次郎・高橋義孝訳（1970）：日常生活の精神病理学。フロイト著作集 4，人文書院，5-236 頁。
(6) Mahony, P. J. (1996) : Freud's Dora—A psychoanalytic, historical and textual study. Yale University Press.
(7) Breuer, J. und Freud, S. (1895) : Studien über Hysterie. 懸田克躬・小此木啓吾訳（1974）：ヒステリー研究。フロイト著作集 7，人文書院，5-229 頁。
(8) Jones, E. (1957) : The Life and Works of Sigmund Freud. Edited and Abridged by L. Thrilling and S. Marcus (1961), Basic Books, New York. 竹友安彦・藤井治彦訳（1969）：フロイトの生涯，紀伊国屋書店，159-160 頁。
(9) エランベルジェ・A. F. が「アンナ・O の物語——新資料にもとづく批判的研究」において明らかにした。中井久夫編訳（1999），エランベルジェ著作集 I，みすず書房，175-210 頁。
(10) Poollock, G. H. (1968) : The possible significance of childhood object loss in the Josef Breuer. Bertha Pappenheim (Anna O.) Sigmund Freud relationship. Journal of American Psychoanalytic Association 16 ; 711-719.
(11) Mahony, P. J.：前掲書。
(12) 佐々木承玄（2002）：こころの秘密——フロイトの夢と悲しみ。新曜社，43-44 頁。
(13) Jones, E.：前掲書，177 頁。
(14) Freud, S. (1968) : Briefe 1873-1939. Edited by E. Freud, S. Fisher Verlag. 生松敬三他訳（1974）：書簡集。フロイト著作集 8，人文書院，112 頁。

(15) Freud, S.：註(１)前掲論文。
(16) Freud, S. (1900) : Die Traumdeutung. 高橋義孝訳（1968）：夢判断。フロイト著作集２，人文書院，345-348 頁。
(17) ブラントン，S. (1971), 馬場謙一訳（1972）：フロイトとの日々――教育分析の記録。日本教文社，55-56 頁。
(18) ゲイ，P. (1990), 坂口明徳・大島由紀夫訳（1995）：フロイトを読む。法政大学出版局，42-43 頁。
(19) Freud, S.：註(14)前掲書，112 頁。
(20) Freud, S. (1909) : Der Familienroman der Neurotiken. 浜川祥枝訳（1983）：ノイローゼ患者の出生妄想。フロイト著作集 10，人文書院，128-134 頁。
(21) Freud, S. (1933) : Einfürlung in die Psychoanalyse. 懸田克躬・高橋義孝訳（1971）：精神分析入門（続）。フロイト著作集１，人文書院，425 頁。
(22) Jones, E.：前掲書，249 頁。
(23) Freud, S. (1919) : Das Unheimliche. 高橋義孝訳（1969）無気味なもの。フロイト著作集３，人文書院，327-357 頁。
(24) Jones, E.：前掲書，249 頁。
(25) Jones, E.：前掲書，327-328 頁。
(26) 小此木啓吾（2002）：フロイト思想のキーワード，講談社。
(27) Freud, S. (1968)：註(14)前掲書，249 頁。
(28) 佐々木承玄：前掲書，191-192 頁。
(29) Jones, E.：前掲書，477 頁。
(30) Freud, S. (1918) : Aus der Geschichte einer infantilen Neurose. 小此木啓吾訳（1983）：ある幼児神経症の病歴より。フロイト著作集９，人文書院，348-454 頁。
(31) Wolf-Man (1971) : My recollections of Sigmund Freud. Edited by M. Gardiner, The Wolf-Man by the Wolf-Man, Basic Books, New York, pp. 135-152.
(32) Obholzer, K. (1980) : Gespräche mit dem Wolfsmann. Translated by M. Shaw (1982), The Wolf-Man sixty years later, Routledge & Kagan Paul, London.
(33) Freud, S.：註(30)前掲論文。
(34) ブラントン，S.：前掲書，63-66 頁。
(35) H. D. (Hilda Doolittle, 1956, 1974), 鈴木重吉訳（1983）：フロイトにさ

さぐ。みすず書房，23-26 頁。
(36)　H. D.：同上書，79-81 頁。
(37)　H. D.：同上書，94 頁。
(38)　Jones, E.：前掲書，523 頁。

第III章　患者からの贈り物

(1)　成田善弘（1989）：患者からの贈り物。成田善弘，青年期境界例，金剛出版，100-127 頁。
(2)　Bursten, B. (1959) : The expressive value of gift. American Imago. 16 ; 437-446.
(3)　Stein, H. T. (1965) : The gift in therapy. American Journal of Psychotherapy. 19 ; 480-486.
(4)　Kritzberg, N. L. (1980) : On patient's gift giving. Contemporary Psychoanalysis. 16 ; 98-118.
(5)　Kritzberg, N. L.：同上書。
(6)　Stein, H. T.：前掲書。
(7)　新村出編（1991）：広辞苑第 4 版，岩波書店。
(8)　Silber, A. (1969) : A patient's gift : Its meaning and function. International Journal of Psychoanalysis. 50 ; 335-341.
(9)　Kritzberg, N. L.：前掲書。
(10)　Wolf-Man (1971) : My recollections of Sigmund Freud. Edited by M. Gardiner, The Wolf-Man by the Wolf-Man, Basic Books, New York, pp. 135-152.
(11)　Lorand, S. (1946) : Technique of Psychoanalytic Therapy. International University Press, New York.
(12)　Glover, E. (1955) : Technique of Psychoanalysis. International University Press, New York.
(13)　Stein, H. T.：前掲書。
(14)　神田橋條治（1992）：治療のこころ　巻一　対話するふたり。花クリニック神田橋研究会，86-91 頁。
(15)　ウィニコット，クレア・シェパード，レイ・アデレーヌ，ディヴィス編，北山修監訳（2001）：精神分析的研究 2。ウィニコット著作集 6，岩崎学術出版社，46 頁。
(16)　下坂幸三（1984）：神経性無食欲症に対する心理的援助の基本方針。下

坂幸三（1988），アレレクシア・ネルボーザ論考，金剛出版，292-308頁。
(17)　Lewis, S. L. & Wermer, H. (1966) : The significance of giving gifts to children in therapy. Journal of American Academy of Child Psychology. 5 ; 630-652.
(18)　ウィニコット，クレア：D. W. W. 追想。精神分析的研究1，註(15)前掲書，1-26頁。
(19)　Masterson, J. F. (1983) : Counter transference and Psychotherapeutic Technique-Teaching Seminars on Psychotherapy of the Borderline Adult. Brunner / Mazel, New York. 成田善弘訳（1987）：逆転移と精神療法の技法——成人境界例治療の教育セミナー。星和書店，391-392頁，399-400頁。
(20)　Jones, E. (1957) : The Life and Works of Sigmund Freud. Edited and Abridged by L. Thrilling and S. Marcus (1961), Basic Books, New York. 竹友安彦・藤井治彦訳（1969）：フロイトの生涯。紀伊国屋書店，477頁。
(21)　Stein, H. T.：前掲書。
(22)　斎藤なつみ：贈り物の心理——昔話における贈り物。椙山女学園大学人間関係学部教育学専攻卒業論文（平成11年度），未刊。
(23)　河合隼雄（1982）：昔話と日本人の心，岩波書店。
(24)　リュティ，M.（1947），小澤俊夫訳（1969）：ヨーロッパの昔話——その形成と本質，岩崎美術社。

第IV章　臓器移植——命の贈り物

(1)　出口顯（2001）：臓器は「商品」か——移植される心，講談社。
(2)　モース，M.（1924），有地亨・伊藤昌司・山口俊夫訳（1973）：贈与論。社会学と人類学I，弘文堂，219-400頁。
(3)　Jones, E. (1957) : The Life and Works of Sigmund Freud. Edited and Abridged by L. Thrilling and S. Marcus (1961), Basic Books, New York. 竹友安彦・藤井治彦訳（1969）：フロイトの生涯，紀伊国屋書店，477頁。
(4)　尾崎紀夫・成田善弘（1986）：腎移植における精神医学的諸問題。精神医学28；671-677。
(5)　成田善弘（1986）：心身症と心身医学——精神科医の眼，岩波書店。
(6)　成田善弘（1993）：心身症，講談社。

(7) Muslin, H. L. (1971) : On acquiring a kidney. American Journal of Psychiatry. 127 ; 1185-1188.

(8) Vilderman, M. (1974) : The search for meaning in renal transplantation. Psychiatry 37 ; 282-290.

(9) 梅原猛・河合隼雄 (1992)：脳死と日本人の死生観。梅原猛編，脳死は死でない，思文閣出版。

(10) 岸本寛史 (1998)：臓器移植における心理学的側面について。心理臨床学研究 16；105-116。

(11) Bosnak, R. (1996) : Integration and ambivalence in transplants. Edited by D. Barrett, Trauma and Dreams, Harvard University Press, pp. 217-230.

(12) シルヴィア，C.・ノヴィアック，W., 飛田裕子訳 (1998)：記憶する心臓——ある心臓移植患者の手記，角川書店。

(13) 岸本寛史：前掲論文。

(14) 鷲田小彌太 (1988)：脳死論，三一書房。

(15) 岸本寛史：前掲論文。

第Ⅴ章　社会のなかの贈り物

(1) マリノフスキー，B., 寺田和夫・増田義郎他訳 (1967)：西太平洋の遠洋航海者。世界の名著，中央公論社，55-342 頁。

(2) モース，M. (1924), 有地亨・伊藤昌司・山口俊夫訳 (1973)：贈与論。社会学と人類学Ⅰ，弘文堂，219-400 頁。

(3) 竹沢尚一郎 (1996)：贈与・交換・権力。井上俊・上野千鶴子・大澤真幸・見田宗介・吉見俊哉編，現代社会学 17，贈与と市場の社会学，岩波書店，79-93 頁。

(4) 山崎カヲル (1996)：贈与交換から商品交換へ。井上俊他編，同上書，179-194 頁。

(5) ブラウ，P. M., 間鳥寿一・居安正・塩原勉訳 (1974)：交換と権力——社会過程の弁証法社会学，新曜社。

(6) Gregory, C. A. (1982) : Gifts and Commodities. Academic Press, London & New York.

(7) 伊藤幹治 (1995)：贈与交換の人類学。筑摩書房，43-45 頁。

(8) 伊藤幹治：同上書，79-98 頁。

(9) 柳田國男 (1962)：食物と心臓。定本柳田國男集 41，筑摩書房，219-

375 頁。
(10)　和歌森太郎（1982）：日本人の交際。和歌森太郎著作集 12，日本の民俗と社会，弘文堂，1-50 頁。
(11)　室伏哲郎（1989）：贈る論理，贈られる論理。筑摩書房，29-36 頁。
(12)　伊藤幹治：前掲書，77-78 頁。
(13)　栗田靖之（1984）：心理的評価と互酬性について。伊藤幹治・栗田靖之編著，日本人の贈答，ミネルヴァ書房，58-99 頁。
(14)　伊藤幹治（1984）：日本社会における贈答の研究――現状と課題。同上書，1-16 頁。
(15)　伊藤幹治：註(7)前掲書，99-103 頁。
(16)　モーズバッハ，H.（1984），梨本三四子訳：西欧人からみた日本人の贈答風俗。註(13)前掲書，154-176 頁。
(17)　ベフ，ハルミ（1984）：文化的概念としての「贈答」の考察。註(13)前掲書，18-44 頁。
(18)　ベネディクト，R.（1946），長谷川松治訳（1970）：定訳菊と刀――日本文化の型，社会思想社。
(19)　伊藤幹治：註(7)前掲書，103-106 頁。
(20)　土居健郎（1971）：甘えの構造，弘文堂。
(21)　源了圓（1969）：義理と人情，中央公論社。
(22)　ベフ，ハルミ：前掲論文。
(23)　濱口恵俊（1977）：「日本人らしさ」の再発見，日本経済新聞社。

第VI章　分離と秘密と贈り物

(1)　ボールディング，K. E.，公文俊平訳（1975）：愛と恐怖の経済――贈与の経済学序説，佑学社。
(2)　井下理（1979）：贈答行動にみる日本人の人間関係についての一考察――贈り物とお礼の第 1 次調査資料より。日本社会心理学会編，年報社会心理学 20 号，勁草書房。
(3)　雨谷恵美子（1995）：銀座で買う贈り物 100 選，講談社。
(4)　土居健郎（1972）：漱石文学における「甘え」の研究，角川書店。
(5)　吉本伊信（1965）：内観四十年，春秋社。
(6)　成田善弘（1990）：精神療法における治療構造と人間観（第 13 回日本内観学会招待講演）。成田善弘（1993），精神療法の経験，金剛出版，34-49 頁。

（7） 三木善彦（1972）：内観の理論。奥村二吉・佐藤幸治・山本晴雄編，内観療法，医学書院。

（8） Winnicott, Donald Woods (1886–1971). イギリスの小児科出身の精神分析医。独立学派とよばれる中間グループの代表的存在。精神疾患の原因を個人の内部に求めるのでなく環境の失敗によるとし，乳幼児期に母親が「ほどよい母親」good-enough mother の役割を果たすことの重要性を強調した。

（9） 牛島定信（2002）：移行対象。小此木啓吾他編，精神分析事典，岩崎学術出版社，16–17 頁。

(10) Mahler, M. S., Pine, F., Bergman, A. (1975) : The Psychological Birth of the Human Infant. Symbiosis and Individuation. Hutchinson & Co, London. 高橋雅士・織田正美・浜畑紀訳（1981）：乳幼児の心理的誕生――母子共生と個体化，黎明書房。

(11) 小此木啓吾（1986）：秘密の心理。講談社現代新書，126 頁。

(12) 小此木啓吾：同上書，139–142 頁。

(13) 成田善弘（1992）：打ち明ける。北山修編，ことばの心理学――日常臨床語辞典，イマーゴ，3–9 頁。

(14) Stein, H. T. (1965) は The gift in therapy という論文の中でグリムを引用し，グリムによると，サンスクリット語では dadámi が gift であり，uddána が「結びつける」あるいは「拘束する」を意味し，nidana は紐であると述べている。

(15) 雨谷恵美子：前掲書。

(16) 伊藤幹治（1995）：贈与交換の人類学。筑摩書房，113–116 頁。

(17) 小此木啓吾：前掲書，128–130 頁。

(18) 伊藤幹治：前掲書，92–93 頁。

《著者紹介》

成田善弘《なりたよしひろ》

1941 年　名古屋市に生まれる
1966 年　名古屋大学医学部卒業
社会保険中京病院精神科部長，椙山女学園大学教授，
大阪市立大学大学院教授，桜クリニック嘱託等を経て
現　在　成田心理療法研究室主宰
著　書　『心身症と心身医学』（岩波書店，1986 年）
『青年期境界例』（金剛出版，1989 年）
『心身症』（講談社，1993 年）
『精神療法家の仕事』（金剛出版，2003 年）
『精神療法を学ぶ』（中山書店，2011 年）
『精神療法家の本棚』（みすず書房，2014 年）
『精神療法家のひとりごと』（金剛出版，2019 年）他

贈り物の心理学

2003 年 11 月 30 日　初版第 1 刷発行
2023 年 4 月 20 日　初版第 2 刷発行

定価はカバーに
表示しています

著　者　成　田　善　弘
発行者　西　澤　泰　彦

発行所　一般財団法人 名古屋大学出版会
〒 464-0814　名古屋市千種区不老町 1 名古屋大学構内
電話(052)781-5027 / FAX(052)781-0697

印刷・製本 ㈱太洋社　ISBN978-4-8158-0471-8
乱丁・落丁はお取替えいたします。